Romi Lassally

Ich habe meinen Kindern immer noch nicht beigebracht, wie man die Uhr liest. So kann ich einfach immer behaupten, es sei Schlafenszeit.

Romi Lassally

Ich habe meinen Kindern immer noch nicht beigebracht, wie man die Uhr liest. So kann ich einfach immer behaupten, es sei Schlafenszeit.

1000 Beichten
von ganz normalen Müttern

mvgverlag

Bibliografische Information der Deutschen Nationalbibliothek:
Die Deutsche Nationalbibliothek verzeichnet diese Publikation in der Deutschen
Nationalbibliografie; detaillierte bibliografische Daten sind im Internet über
http://d-nb.de abrufbar.

Für Fragen und Anregungen:
romilassally@mvg-verlag.de

1. Auflage 2010

© 2010 by mvg Verlag, ein Imprint der FinanzBuch Verlag GmbH, München,
Nymphenburger Straße 86
D-80636 München
Tel.: 089 651285-0
Fax: 089 652096

Die amerikanische Originalausgabe erschien 2009 bei The Berkley Publishing Group,
Penguin Group (USA) Inc. unter dem Titel *True Mom Confessions*.
© 2009 by Romi Lassally. All rights reserved.

Übersetzung: Max Limper, Essen
Umschlaggestaltung: Verena Oestreicher und Jessica Schmitt,
Designschule München
Innenlayout: Pamela Günther
Satz: Jürgen Echter, Landsberg am Lech
Druck: CPI – Ebner & Spiegel, Ulm
Printed in Germany

ISBN 978-3-86882-158-1

Weitere Infos zum Thema:

www.mvg-verlag.de
Gerne übersenden wir Ihnen unser aktuelles Verlagsprogramm

Inhalt

Dank

True Mom Confessions gäbe es weder als Buch noch als Website, wenn nicht jenes schicksalhafte Telefonat mit Cooper Munroe von themotherhood.com gewesen wäre. Als ich mir nämlich gerade ein peinliches Mami-Erlebnis von der Seele redete, kam mir die Idee, einen Ort zu schaffen, wo andere Mütter genau das tun könnten. Es wäre nichts daraus geworden ohne Katie, Tucker und Rebecca, die zwar nicht mehr mit auf der Achterbahn sitzen, aber am Anfang großartige Partner waren. Es wäre auch nichts daraus geworden ohne die, die immer noch mitmachen – Lauren und Jill und besonders Maegan, die trotz ihrer Furcht vor Kacke und Kotze Tag für Tag eisern zu uns hält. Ganz besonders danke ich Ralph, der – wie eine Mutter – viel Zeit und Energie investiert hat, ohne viel Greifbares zurückzubekommen.

Ein dickes Lob verdient Rachel Fershleiser für ihre redaktionelle Spitzenleistung, die darin bestand, Tausende kleiner Forumseinträge zu durchforsten und in eine halbwegs sinnvolle Reihenfolge zu bringen. Immer, wenn ich den Wald vor lauter Bäumen (beziehungsweise Geständnissen) nicht mehr sehen konnte, behielt sie den Durchblick.

Meine Dankbarkeit gilt den Autorinnen und Bloggerinnen, die auf meine Bettel-E-Mails eingegangen sind und die herrlichen Essays verfasst haben, die zwischendurch im Buch auftauchen. Sie alle steuern ihre ureigenen, einzigartigen Erfahrungen als Mütter bei – und verraten dabei so manches, was sie ihren Lesern (und erst recht ihrem direkten Umfeld) bisher verschwiegen haben.

True Mom Confessions wäre ein Internet-Phänomen geblieben, wenn nicht meine Verlegerin, Denise Silvestro, beim Surfen darauf gestoßen wäre. Dankenswerterweise erkannte sie gleich den Humor und die Emotionalität der mütterlichen Online-Beichten und biss an. Die Entstehung des Buches deckte sich ziemlich genau mit ihrer zweiten Schwangerschaft, sodass ich sagen kann, dass ihr echtes Kind und ich in gewisser Weise Zwillinge sind.

Ich danke meiner Mutter für ihre nie endende Zuwendung und Ermutigung. Wenn ich einen treuen Fan gehabt habe, der unermüdlich: »Weiter so, Mädchen!«, gerufen hat – ist es sie. Dank gebührt auch meiner Kinderschar – Phoebe, Annabel und Owen – die sich kaum über mangelnde mütterliche Fürsorge beschwerten, als ich sie vernachlässigte, um von Schuldgefühlen anderer Mütter zu lesen, die ihre Kinder vernachlässigen. Zu guter Letzt danke ich meinem liebevollen Mann Tom, der im Laufe des letzten Jahres so manche Nacht statt eines warmen Körpers einen warmen Laptop neben sich hatte. Liebling, du hast was gut bei mir.

Vorwort

von Dr. Gail Saltz

Mutter zu sein gehört zum Schwierigsten, was es überhaupt gibt. Es bietet sowohl unvergleichliche Freuden als auch unerhörten Schmerz. Die meisten Mütter folgen einem bestimmten Ideal, was das Muttersein angeht. Dieses Ideal wird davon bestimmt, was sie selbst für eine Mutter gehabt haben, wie sie diese Mutter-Tochter-Beziehung bewerten, was die Kultur, in der sie leben, unter einer guten Mutter versteht, und was ihr eigenes inneres Bild einer »richtigen« Mutter ist. Mein Eindruck ist – und das belegen viele Gespräche, die ich mit Frauen über das Muttersein geführt habe, und nicht zuletzt die Einträge in diesem Buch – mein Eindruck ist, dass dieses Ideal in den meisten Fällen das des Perfektionismus ist.

Ob bewusst oder unbewusst, die meisten Frauen erlauben sich nicht, menschlich zu sein. In ihrer Mutter-Kind-Symbiose gibt es keine Möglichkeit, wütend, enttäuscht, gelangweilt, traurig oder überfordert zu sein, geschweige denn überdrüssig. Aber alle diese Gefühle gehören nun mal zum ganz normalen Muttersein dazu. Die meisten Mütter reagieren auf diese negativen Empfindungen mit Schuldgefühlen oder Scham oder mit aggressivem Verhalten sich selbst gegenüber, nur damit sie die vermeintlich verdiente Strafe erhalten. Ihre Gefühle halten sie dabei verborgen – nicht nur vor anderen, sondern auch vor sich selbst.

Was wird aus schwelenden Geheimnissen? Aus der verheimlichten Erfahrung, Fluchtgedanken zu hegen, ständig unter den eigenen Erwartungen zu liegen, unfair, schroff oder verletzend zu sein, zu lügen? Was wird aus der uneingestandenen Sehnsucht, dass sich endlich auch mal jemand um mich kümmert? Meist nehmen diese Wünsche die Gestalt von Tagträumen an. Man träumt davon, abzuhauen, sich zu streiten, allein auf einer Insel zu sein, mit jemand anderem zu schlafen, einmal etwas völlig Verrücktes durchzuziehen. Diese Fantasien sind ein gesunder Ausdruck von Wünschen und Sehnsüchten, die man wahrscheinlich nie in die Tat umsetzt. Sie verschaffen Erleichterung, ohne dass jemand anders verletzt oder man selbst beschämt wird.

Wenn aber diese geheimen Gefühle so peinlich sind, dass man sie sich lieber nicht bewusst macht, können sie zu zwanghaften Gedanken werden, die gerade im unpassendsten Moment auftauchen und schlimme Schuldgefühle verursachen. Viele Frauen denken immer wieder daran, ihr Kind am Straßenrand abzusetzen und davonzufahren. Obwohl sie so etwas nie tun würden, werden sie von dieser unerwünschten Vorstellung geplagt. Sie macht ihnen Angst, weil sie nicht wissen, dass solche Gedanken meist eine unbewusste Ambivalenz gegenüber dem Muttersein ausdrücken, was völlig normal ist. Solange solche Gedanken im Unterbewusstsein bleiben, unverstanden und geheim, haben sie die Macht, scheinbar mysteriöse Vorstellungen heraufzubeschwören, die beschämend und quälend wirken.

Aus diesem Grund wirkt das Eingeständnis eines Geheimnisses so erleichternd, heilsam und versöhnend. Und deshalb ist True Mom Confessions als Austauschmedium für Frauen so wertvoll. Um ein Geheimnis anderen mitzuteilen, muss man es sich erst selbst eingestehen. Sich etwas bewusst zu machen und darüber nachdenken zu können eröffnet die Möglichkeit, sich selbst zu reflektieren und andere um Verständnis und Trost zu bitten. Manchen Müttern genügt schon die simple Äußerung ihrer geheimen Gedanken, um in ihrer Selbstkritik weniger unerbittlich zu werden. Die eigenen unterdrückten Wahrheiten Fremden anzuvertrauen hilft anderen Müttern umso mehr, da ein mitgeteiltes Geheimnis Nähe erzeugt und das Gefühl der Einsamkeit lindert. Oft sind die Geständnisse auch Testballons, mit denen Müttern Fragen ausloten wie: »Werde ich dafür verurteilt? Wenn Sie mich immer noch akzeptieren, kann ich mir dann etwa auch selbst vergeben?«

Aus meiner Praxis und aus persönlicher Erfahrung weiß ich, dass Mütter mehr Angst vor dem Urteil ihrer »Kolleginnen« haben als irgendjemand sonst. Deshalb ist ein Forum wie True Mom Confessions, ist dieses Buch so wichtig. Es nimmt die Verurteilung aus dem Spiel und bietet einen sicheren, anonymen Ort, an dem Gedanken ausgetauscht, eingestanden und abgewägt werden können. Es bietet Frauen einen Ort, um aus ihrer Wirklichkeit zu erzählen, persönliche Geschichten von anderen Frauen in ähnlichen Lebenssituationen zu lesen und die Erkenntnis zu gewinnen, dass Mutterschaft für uns alle eine ambivalente Sache sein kann. Es lässt Frauen die frohe Gewissheit spüren, dass sie nicht verrückt sind, nicht allein sind, keine »schlechte Mutter« sind. Ich hoffe, dass dieses Buch vielen Frauen den Mut gibt, sich selbst und anderen gegenüber ehrlich zu sein. Nur so verlieren die Geheimnisse ihre Macht, uns zu quälen und uns die tiefe Freude zu verderben, die im Muttersein liegt.

Einführung

»Ich dachte nur:
Hoffentlich frisst es der Hund.«

Im vergangenen März kam mein sechsjähriger Sohn Owen aus seinem Zimmer gestolpert und kotzte sich und den Teppichboden im Flur voll. Er rief um Hilfe, und ich schoss die Treppe hinunter – Alarmstufe rot auf allen Muttersensoren. Als ich ihn erreichte, erbrach er sich wie auf Kommando über mich. Nächtliche Brechattacken sind mir zwar nicht fremd, aber ich muss zugeben, dass ich auch nach 15 Jahren als Mutter den Anblick und Geruch nicht ausstehen kann und es noch nie geschafft habe, das Zeug wegzumachen. Um all dem zu entfliehen, schleppte ich den Kleinen vom Tatort weg, wischte ihn so gut es eben ging ab und nahm ihn mit in mein Bett. Und was geschah mit dem Erbrochenen, mögen Sie nun fragen? Das blieb in seiner ganzen dampfenden, schleimigen Pracht einfach liegen. Ich dachte nur: Hoffentlich frisst es der Hund.

Im Laufe der Woche berichtete ich einer Freundin von meinem Versagen als Hausfrau und Mutter. Sie wand sich vor Ekel, zollte mir jedoch Anerkennung für meinen genialen Einfall. Eine gelegentliche Abkürzung weiß eben jede Mutter zu schätzen. Und sofort sprudelte auch eine eigene Mutter-Missetat aus ihr hervor, etwas, das sie zuvor keiner Menschenseele anvertraut hätte: Kürzlich habe sie während eines Langstreckenfluges ihrer Dreijährigen ein Schlafmittel gegeben, damit sie einschläft.

»Bin ich ein Monster, weil ich sie betäubt habe, um auf 10 000 Meter Höhe ein paar Stunden Ruhe zu kriegen?«

Die geteilten Geheimnisse und die gegenseitige Unterstützung ließen alle Dämme brechen, und wir offenbarten einander unsere konfliktbeladenen, schuldgeplagten und schamerfüllten Seelen. Ich ließ auf die Kotzgeschichte meine jüngste Verfehlung folgen – dass ich im Chatprogramm meiner älteren Tochter herumgeschnüffelt hatte – und sie konterte gleich mit einem weiteren schwelenden Geheimnis: Sie hatte vor, mit der Arbeit aufzuhören, wusste aber nicht, ob sie und ihr Konto ein Dasein als Mutter und Hausfrau aushalten würden. Ah, die Wahrheit.

Was ich aus diesem Gespräch lernte (eigentlich aber als Mutter schon immer gespürt hatte), war, dass allein das Eingeständnis eines Moments mütterlicher Fehlbarkeit augenblicklich eine hochwillkommene Erleichterung herbeiführt und – als wäre das nicht genug – der zuhörenden Mutter gleich eine eigene wilde Geschichte entlockt. Warum also nicht herausfinden, wie man mehr Müttern dazu verhelfen könnte? Wäre damit nicht allen geholfen?

Realistisch gesehen musste ich zugeben, dass den meisten Frauen mein Geständnis-Gen fehlt; dass die Angst vor Verurteilung, Kritik oder – schlimmer noch – Ablehnung sie davon abhalten würde die schmutzigen Details ihres Lebens unter vier Augen zu enthüllen. Und selbst wenn sie dazu bereit wären, fehlt im hektischen Alltag vieler Mütter oft die Zeit oder der Ort dafür oder die *Sex-and-the-City*-artige Freundin, die im richtigen Moment ein offenes Ohr (und einen Cocktail) bereithält. Online allerdings, unter dem Schleier der Anonymität und auf rund um die Uhr zugänglichen Servern, müsste so ein Austausch über die wenig idealistische Realität des Mutterdaseins florieren, dachte ich.

So wurde TrueMomConfessions.com geboren. Endlich gab es einen Kanal, auf dem Frauen ihre Geheimnisse hinausposaunen konnten: Was sie getan (und nicht getan) hatten, und was sie dachten, aber im strapaziösen Mutteralltag nicht auszusprechen wagten.

Das Experiment war ein voller Erfolg. Frauen aus der ganzen Welt kamen, um zu »beichten«, und um sich an den herzerfrischenden Beiträgen der anderen zu ergötzen. Aufrichtigkeit macht uns zu stärkeren Müttern, und durch den Austausch unserer Geschichten können wir voneinander lernen. So einfach ist das. Es ist eine wohltuende Erfahrung, dass eine Internetseite, die einfach nur Mut zur Offenheit macht, so viele Gespräche anstoßen kann und eine Gemeinschaft von schonungslos offenherzigen Frauen begründet hat, die alle ihr Bestes geben, eine Menge Fehler machen und dabei immer Gründe zum Lachen (und Weinen) finden.

Warum dann noch ein Buch herausgeben? Weil unser Leben voller Hektik und Eile und ohne ständigen Internetanschluss ist. Ich wollte die weisesten und befreiendsten Geständnisse aussuchen und sie so handlich verpacken, dass man immer und überall davon naschen kann. Die vorliegenden Seiten sind um Themen gruppiert, die sich aus den Hunderttausenden von häppchengroßen Einträgen ergaben. Egal ob Sie fünf Minuten lang im Stau stehen oder eine Stunde Badewanne vor Ihnen liegt, Sie können einfach ein Kapitel aufschlagen und finden gemeinsame Erfahrungen, unterschiedliche Blickwinkel oder einfache Lösungen, auf die Sie gar nicht gekommen wären.

Ich hoffe, dass dieses Buch Trost, Rat und ein gesundes Maß an Humor enthält. Vor allem möchte ich, dass es glaubwürdig ist – ehrliche und authentische Stimmen, die beschreiben, was es bedeutet, heute Mutter zu sein – und dass es Sie daran erinnert, dass eine »gute« Mutter zu sein nichts weiter bedeutet, als gut genug zu sein.

PS: Der Hund hat das Erbrochene tatsächlich gefressen, sich dann aber selber erbrochen. Das hab ich dann weggemacht.

Im Buch verwendete Abkürzungen

Die Blogosphäre bietet einzigartige Möglichkeiten für Diskussion, Vernetzung und gefahrlosen Aggressionsabbau. Zum Verständnis dieser Welt muss man einige Abkürzungen kennen, mit denen wir unsere Lieben (und weniger Lieben) bedenken. Dieses Buch dreht sich um:

LG   Lieber Gatte. Es sei denn, es ist der Langweilige Gatte, Leck-mich-Gatte oder Leck-mich-am-Arsch-Gatte gemeint.

LS und LT   Lieber Sohn und Liebe Tochter. Seltener auch wie obenstehend variiert.

SM   Schwiegermutter. Die Abkürzung lässt Spielraum für eigene Variationen.

Außerdem:

HDK   Halt die Klappe.

ZFM   Zeit für mich. Objekt der geheimsten Sehnsüchte. Ziel der gewagtesten Manöver. Jede Minute ist Gold wert.

H&M   Hausfrau und Mutter. Althergebrachtes Ideal oder Verrat am Feminismus. Entscheiden Sie selbst.

H&H&M Heimarbeiterin und Hausfrau und Mutter. Bloggerinnen und Freischaffende aller Arten versuchen den Spagat zwischen Arbeit und Kind oft in den eigenen vier Wänden.

1. Kapitel

Notlügen

»... sonst kommt die Polizei!«

Als meine Tochter Annabel fünf Jahre alt war, krähte sie aus ihrem Autositz heraus: »Was ist das F-Wort?«

Prüde bin ich nicht, aber ich war einfach nicht darauf vorbereitet, sie über diesen Punkt aufzuklären, weder über die Hintergründe des Begriffs noch über die Rätsel und Wunder von Liebe und Sex. Also schoss es aus mir heraus: »Äh, Spatz, es ist ›furzen‹.«

Überraschenderweise stellte sie diese Fehlinformation zufrieden. Es muss wohl einleuchtend gewesen sein, denn »furzen« ist ja de facto ein F-Wort. Trotzdem bereute ich meine Lüge noch im selben Augenblick, denn mir war klar, dass die Wahrheit früher oder später ans Tageslicht kommen würde. Und so war es.

Ein paar Tage später befand sich Annabel in Gesellschaft mehrerer deutlich älterer und eingeweihterer Mädchen. Wissen ist Macht – besonders, wenn man einen Kopf kleiner ist – und so versuchte meine kleine Tochter, sich Respekt zu verschaffen, indem sie ihr exklusives Erwachsenenwissen preisgab.

Es erübrigt sich zu sagen, dass ihr Beitrag nur hämisches Kichern erntete. Augenblicklich kam sie auf mich zugestürmt, drängelte sich durch den Mütterpulk, mit dem ich mich gerade unterhielt, und verlangte eine Erklärung. Ich wurde starr vor Schreck. Ich stammelte eine Entschuldigung, gestand ihr, dass es keinen guten Grund dafür gegeben hatte, ihr das falsche Wort zu sagen. Dann flüsterte ich das richtige – ich buchstabierte es – immer noch unfähig, dieses grobe

Wort in der Gegenwart unschuldiger, kindlicher Sommersprossigkeit auszusprechen.

Sie schaute mich erstaunt an, ich schüttelte den Kopf und entschuldigte mich erneut für meine irreführende Angabe. »Schon okay, Mami,« sagte sie, »aber du solltest echt nicht lügen.«

Das saß.

Eines der vielen schmutzigen Geheimnisse des Elterndaseins ist, dass man mit allerlei Notlügen und Halbwahrheiten arbeiten muss. Das steht nicht in den Ratgebern, und auch Freunde und Bekannte sprechen nicht darüber, denn damit würden sie ja ihre Schuld eingestehen.

Die folgenden Seiten werden Ihnen zeigen, dass, egal wohin man auch schaut, Mütter an einer großen Verschwörung werkeln und ihre Sprösslinge aus allen möglichen Gründen anschwindeln – um sie zu locken und zu überreden, um unendliche Geschichten zu beenden oder um ihnen einen solchen Schrecken einzujagen, dass sie endlich EIN-SCHLA-FEN.

Es ist schon paradox, dass ich, die ich Frauen dabei helfen will, die Wahrheit zu sagen, hier das genaue Gegenteil propagiere. Aber hier liegt eine der vielen Paradoxien. Genau das, was wir vor unseren Kindern als Sünde brandmarken, bewahrt uns in Momenten der Schwäche davor, den Verstand zu verlieren.

Mein Sohn weiß, dass er morgens nicht vor neun Uhr nach unten kommen darf. Er wacht auf, ruft mich, damit ich es weiß, geht aufs Töpfchen und klettert dann mit ein paar Spielsachen wieder ins Bett. Warum er das tut? Ihm wurde gesagt, dass Mami zwischen acht und neun Uhr das Monster, das im Wäschekorb haust, bekämpft.

Ich habe mir Freitag freigenommen, aus »persönlichen Gründen«. Mein Chef glaubt, dass ich einen Anwaltstermin habe. Mein Plan sieht vor, dass ich meinen Sohn zum Kindergarten bringe, dann um halb zehn in die Sauna, ein Uhr Friseur, Strähnchen machen lassen, und danach zu Hause entspannen bis fünf Uhr, wenn ich ihn abholen muss! Drei Jahre lang alleinerziehende, berufstätige Mutter, ich finde, das hab ich VERDIENT!!! Ich kann's kaum erwarten.

Ich hatte einen harten Tag hinter mir und hab gerade einen Riesentopf Häagen-Dasz geleert, da fragte mich meine Dreijährige, was ich denn da esse. Ich hab ihr gesagt, es wär eine besondere Medizin für Mamis, weil ich nichts abgeben wollte.

Ich hab meinem Sohn gesagt, dass die Polizei kommt und »mit ihm ein Wörtchen redet«, wenn er nicht aufhört, mir mit seinem Trotzgebrüll das Trommelfell zu zerfetzen.

Die Kinder haben am Donnerstag schulfrei. Ich hab mir den Tag freigenommen, weil meine Babysitterin nicht konnte, aber sie hat umdisponiert und kann doch. Ich überlege, ob ich allein zum Strand fahre. Ich tue einfach so, als ob ich zur Arbeit fahre. Oder ich sag der Babysitterin, dass sie die Terrassentür zum Schlafzimmer offen lassen soll, dann kann ich mich reinschleichen und den ganzen Tag im Bett liegen und lesen. Ist das so schlimm?

☆

Ich verleugne vor Freunden, dass ich meinen Sohn so viel am Computer spielen lasse.

Ich hab meinen Fahrradhelm versteckt, damit ich bei Fahrradtouren mit den Kindern eine Ausrede dafür habe, dass ich ohne Helm fahre.

Ich habe meinem Sohn 50 Euro aus dem Sparschwein ge-
klaut – und als er es gemerkt hat, hab ich seiner Schwester
die Schuld gegeben.

☆

»Nein, Schätzchen. Ich würde nie in deinem Tagebuch lesen. Oder in deinen E-Mails. Oder in dem Chatprogramm,
das du geöffnet lässt.« Aber natürlich tue ich das.

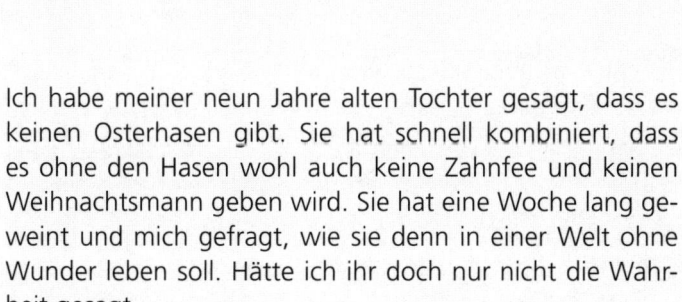

Ich habe meiner neun Jahre alten Tochter gesagt, dass es keinen Osterhasen gibt. Sie hat schnell kombiniert, dass es ohne den Hasen wohl auch keine Zahnfee und keinen Weihnachtsmann geben wird. Sie hat eine Woche lang geweint und mich gefragt, wie sie denn in einer Welt ohne Wunder leben soll. Hätte ich ihr doch nur nicht die Wahrheit gesagt ...

Die anderen Eltern im Internetforum glauben alle, dass ich glücklich verheiratet bin. Ich war nie verheiratet.

Ich habe vor einer Woche erfahren, dass ich Brustkrebs habe. Ich habe es noch keinem erzählt. Noch nicht mal meinem Mann. Und ich glaube nicht, dass ich es meinen Kindern sagen kann.

Die Goldfische sind nicht, wie ich es den Kindern erklärt habe, »an Altersschwäche« gestorben. Ich habe sie zu füttern vergessen.

Eins der Lieblings-T-Shirts meiner Tochter kann ich nicht ausstehen... Gestern Abend hab ich es mit rotem Nagellack beschmiert und ihr erklärt, dass es nicht mehr zu retten ist.

☆

Ich wäre gestern beinahe nicht zu der Preisverleihung meines Sohnes gegangen. Ich wollte ihm sagen, dass ich da war und dass er mich nicht gesehen hätte. Dann ist mir eingefallen, dass meine Mutter immer so etwas gemacht hat, und wie sehr ich sie für ihre Lügerei gehasst habe. Ich bin dann doch hingegangen und war froh drum. Ich will nicht so eine schlechte Mutter werden, wie meine es war.

Ich lebe in einem kleinen Wohnblock und bin mit den meisten anderen Müttern befreundet. Wir treffen uns auf dem Spielplatz und quatschen jeden Tag miteinander. Keine von ihnen weiß, dass mein Mann vor zwei Wochen ausgezogen ist, weil er sein Coming-out hatte. Ich schäme mich zu sehr, um ihnen zu sagen, dass ich jetzt allein lebe.

Mein Sohn hat sich so sehr auf seinen zweiten Geburtstag gefreut, aber als es so weit war, hatte ich gar keine Feier auf die Beine gestellt – da hab ich ihm gesagt, dass er sich im Tag geirrt hat, und dass sein Geburtstag erst nächste Woche ist. (Ja … er hat's geglaubt, und ich kam mir furchtbar vor!)

Heute hab ich meine Nachbarin gesehen: im achten Monat schwanger und drei Kinder um die Beine. Ich hab mir gesagt, dass ich an ihrer Stelle bald reif für die Klapse wäre. Aber ehrlich gesagt hab ich mir nichts mehr gewünscht, als an ihrer Stelle zu sein.

LT und ich waren Anfang der Woche beide krank, und LG hat uns gepflegt. Aber obwohl ich mich heute viel besser fühle, habe ich auf seine Frage hin gesagt: »Nicht so gut«, damit ich einen Tag lang ohne die beiden verbringen kann und ZFM habe. Ich hab ein schlechtes Gewissen, aber konnte dafür zum ersten Mal seit langer Zeit ausruhen.

Ich hab heute zum Frühstück einen Irish Coffee getrunken. Okay, das war gelogen. Ich hab zum Frühstück zwei Irish Coffee getrunken und gerade eben noch einen zur Mittagsschlafzeit. Wahrscheinlich trinke ich noch einen vierten mit LG, wenn die Kinder im Bett sind.

Dass ich so was einmal sagen würde ...

»Du sollst im Wohnzimmer nicht auf deinen Bruder pinkeln.«

»Man leckt nicht an Ziegelsteinen, Schätzchen.«

»Ich zeig dir, wie man auf der Zimmerdecke gehen kann, aber erst, wenn ich mit dem Spülen fertig bin.«

»Hör auf, deinen Bruder am Penis zu ziehen.«

»Eines Tages FREUST du dich darüber, dass du Hoden hast.«

Umfrage

Was würden Sie Ihren Kindern nie gestehen?

Wie jung ich war, als ich zum ersten Mal Sex hatte ... 18%

Welche Drogen ich wann genommen habe ... 8%

Wie oft ich Schule geschwänzt habe ... 8%

Dass ich betrunken Auto gefahren bin, und zwar häufig ... 7%

Dass ich Gesetze gebrochen habe (Ladendiebstahl oder Ähnliches) ... 7%

Alles davon: 26%

Nichts davon: 6%

»Noch nicht einmal Zimmer-pflanzen«

(oder: Elternglück für Minderbegabte)

von Kyran Pittman

Heute morgen fiel mir ein, dass mein Sohn, unser kleiner Wölf-ling, morgen Seifenkistenrennen hat. Das heißt, wir hätten eigent-lich ein mit den Pfadfinderrichtlinien konformes Holzauto bauen sollen, was offensichtlich nicht passiert ist. Als ich meinen Mann darauf ansprach, stellte sich heraus, dass meine bisherigen Mahnun-gen unterhalb seiner Wahrnehmungsschwelle geblieben waren. Um der ehelichen Vertraulichkeit willen schildere ich die darauffolgende Szene mit gedrückter Ton-aus-Taste. Aber wenn jemand anhand un-serer Körpersprache und unseres Mienenspiels Untertitel erfinden müsste, käme wohl so etwas heraus:

Ich: »Hast du den A**** offen?«

Er: »Hast du ja wohl selber!«

Das wäre so die Richtung.

Ich würde so gerne behaupten, dass wir als Paar in schwierigen Si-tuationen zusammenhalten. Schulter an Schulter, durch Druck von außen vereint. Tatsache ist jedoch, dass wir in Notlagen manchmal nicht aufeinander zu, sondern aufeinander losgehen. Stresssituatio-nen verstärken unsere Unsicherheiten und reißen alte Wunden auf.

Verteidigungslinien werden aufgebaut, Zeigefinger ausgestreckt. So war es auch diesmal.

Manchmal – meistens – finde ich uns als Eltern recht gelungen. Ich sage immer, unsere Kinder haben mit uns das große Los in der Elternlotterie gewonnen. Sie haben als Säuglinge zwischen uns geschlafen. Sie wurden bis ins Kleinkindalter gestillt. Sie mussten nie länger schreien, als wir brauchten, um ihr Bedürfnis herauszufinden und es zu befriedigen. Wir erfüllen nicht jeden ihrer Wünsche, aber sie genießen die allermeisten Privilegien amerikanischer Mittelschichtskinder: Fahrräder, Bücher und Doppelbetten, Fußballtraining, Schule und Pfadfinderlager. Wir versuchen, ein erfülltes Leben und eine gesunde Beziehung zu führen. Meistens finde ich, dass unsere Kinder in gleichem Maße Glück mit uns gehabt haben wie wir mit ihnen.

Und dann passiert so ein Mist wie heute, und das haut mich völlig aus der Bahn. Anstatt stolz auf unsere Leistung zu sein, frage ich mich, wer auf die Idee gekommen ist, uns drei kleine Menschen anzuvertrauen. Nicht einmal Zimmerpflanzen haben bei uns eine Überlebenschance. Wir können keine Glühbirne auswechseln. Wir können keine Abzeichen auf Uniformen nähen. Wir können noch nicht einmal die Uniform rechtzeitig waschen und uns ganz gewiss nicht merken, wann das Seifenkistenrennen der Wölflinge ist. Ich kenne intellektuell Minderbemittelte, denen es keinerlei Probleme

bereitet, arbeiten zu gehen, Rechnungen zu bezahlen, Rasen zu mähen, Deckenventilatoren abzustauben, Türrahmen zu streichen und ausgeliehene Bücher rechtzeitig zurückzubringen. Warum schaffen wir das nicht? Vor dieser Frage stehe ich an Tagen wie diesem. Haben wir den Orientierungskurs im Fach Leben verpasst? Damals in der Sonderschule?

Mein Leben lang hat mich meine angeborene Aufschieberitis geplagt, eine Eigenschaft, die ich nicht an meine Kinder weitergeben möchte. Neulich hatte ich meinen ersten Dienst als Wölflingsleiterin, ein Posten, den ich zum Jahreswechsel übernommen habe. Ich habe immer noch keine Uniform dafür. Das nötige Lehrmaterial habe ich im Büro gelesen, während der Mittagspause. Ich habe einen Plan auf eine Karteikarte gekritzelt und ein paar Stunden vor dem Treffen mit den 2 Dollar, die ich gerade bei mir hatte, im Ramschladen Material gekauft. Irgendwie habe ich es hingekriegt. Wir haben Collagen geklebt, Kochmützen gebastelt und einen Sketch einstudiert.

Abends, als Patrick ihn ins Bett brachte, sagte unser Wölfling: »Papi, weißt du, was ich werden will, wenn ich groß bin?«

Ich blieb vor der Zimmertür stehen, weil ich wissen wollte, wie sich sein jüngstes Berufsziel, nämlich Nachtwächter im Museum zu werden, entwickelt hatte.

»Was denn?«

»Wölflingsleiter.«

Ich spähte ins Zimmer und konnte seine glänzenden Augen sehen. Ich dachte, mein Herz bleibt auf der Stelle stehen. Noch nie war ich seine Heldin gewesen.

Die Erinnerung an diesen Augenblick reichte, um mich heute vor der Verzweiflung zu retten. Dazu kamen die glänzenden Augen meines Sohnes, als er sah, wie sein Vater – der oft Held sein darf – seine Bleistiftskizze mit Hammer und Säge in einen echten, dreidimensionalen Rennwagen verwandelte. Irgendwie hat er es hingekriegt.

Irgendwie kriegen wir es eben alle hin.

Kyran Pittman kriegt es täglich hin, und zwar unter
www.notestoself.us.

2. Kapitel

Wenn sie nur wüssten

»Manchmal schließe ich mich auf der Toilette ein.«

Als junge Mutter gab ich jeder modischen Laune meiner kleinen Tochter Phoebe nach. Als Kleinkind war ein rosa Balletttrikot mit einem kratzigen Tüllröckchen ihr Fetisch, den sie immer und überall tragen wollte. Wirklich überall. Ich war jedoch so entzückt von ihrem eigenwilligen Stil, dass ich ihn sogar mit einem Rollkragenpulli aus Baumwolle ergänzte, damit sie sich auch in der kälteren Jahreszeit nicht umziehen musste. Ihr geliebtes Outfit verwandelte sich mit der Zeit in eine Serie von Spice-Girls-Kostümen – weit ausgestellte Leggings und Glitzer-Tops, viele davon bauchfrei.

Ich fand es niedlich, bis es nicht mehr niedlich war, und das war an dem Tag, als ich sie anschaute und dachte: »Um Gottes willen, mein kleines Mädchen sieht aus wie eine Stripperin.«

Ich stürzte in ein Gefühlschaos. Dieses »Monster« war mein Werk. Ich hatte beim Einkaufen jedem Quengeln nachgegeben und gegen mein besseres Geschmacksurteil die begehrten Glitzerteile gekauft. Ich muss gestehen, dass sie nicht die Einzige war, die diese Teile begehrte; damals fand ich die Miniaturausgabe eines Pornostars selber niedlich. Aber jetzt war ich wieder bei Sinnen. Meine Tochter hatte einen weichen, runden Bauch, der mir unwiderstehlich schien, der aber gewiss nicht in paillettenbesetzten Stretch gehüllt über den Spielplatz paradieren musste.

Not kennt kein Gebot. Davon ausgehend, dass meine Tochter ihre Glamour-Kluft nicht kampflos aufgeben würde (und dass ich

nicht kämpfen wollte), nahm ich ein Mittel zu Hilfe, das als höhere Gewalt gelten konnte: roten Nagellack. Ich verspritzte ein ganzes Fläschchen davon über ihren Lieblingssachen, die nun mit grellroten Flecken übersät waren. Als sie die ruinierten Kleidungsstücke in ihrem Schrank entdeckte, teilte ich ihr fassungsloses Entsetzen. Dann brachten wir die Sachen mit einem kurzen, würdevollen Trauerakt zum Müll. Erst vor Kurzem, als wir ihre Sachen fürs College zusammenpackten, gestand ich ihr meinen schmutzigen Trick. Gott sei Dank konnten wir beide herzhaft darüber lachen.

Als Mütter werden wir einfallsreich und pragmatisch und kommen auf Ideen, die wir nicht für möglich gehalten hätten. Wer hätte gedacht, dass ich so tief sinken würde, dass ich die Kleidung meiner Tochter besudele? Ich nicht. Aber damals schien es der einzige Ausweg, und noch dazu ein cleverer Ausweg, zu sein. Die Geständnisse in diesem Buch zeigen, dass wir Mütter genial darin sind, Dinge einfacher (Verschüttetes mit dem Hosenbein aufwischen) oder leichter (zu endlosen Baseball-Spielen etwas Wodka in die Thermoskanne) zu machen, damit wir unseren hektischen Alltag überstehen und Lebenslagen meistern, für die es keine Rezepte gibt. Manchmal lohnt es sich, diese Art von Kreativität weiterzugeben, aber vielleicht nicht unbedingt an diejenigen, die wir beim nächsten Kindergeburtstag treffen.

Eine Alternative ist die anonyme, öffentliche Beichte – sie bietet eine Möglichkeit, Peinliches und Beschämendes, Kreatives und

Krasses loszuwerden. Dieses Kapitel macht deutlich, dass es Dinge gibt, die wir unseren Kindern, Partnern und Freunden nicht mitteilen können, wollen oder dürfen. Ich finde jedoch, dass in der Anonymität des Cyberspace alles ans Licht kommen darf, denn möglicherweise liegt in dem Geheimnis der einen Mutter Trost oder sogar Hilfe für eine andere. Möglicherweise hilft es ihr, einen langen Tag oder eine noch längere Nacht zu überstehen und gibt ihr – wenn auch nur für einen Moment – das Gefühl, nicht allein zu sein.

Anstatt meiner kleinen Tochter die Fingernägel zu schneiden, knabbere ich sie ab.

Letzte Woche hielten wir einen Elternabend bei mir zu Hause ab. Alle Mütter bewunderten mich für mein sauberes Haus. Gut, dass sie nicht so genau hingeschaut haben: Ich hatte das dreckige Geschirr in den Ofen gesteckt und die Berge von Schmutzwäsche (zusammen mit dem miefigen Hundekorb) in den Garderobenschrank gestopft!

Wenn ich darüber nachdenke, wie ich meine Tochter erziehen soll, denke ich oft an meine Eltern und überlege, was sie getan hätten. Und dann mache ich genau das Gegenteil.

Wenn ich etwas auf dem Küchenboden verschütte, »feudel« ich es manchmal einfach im Vorbeigehen mit dem Hosensaum weg.

Ich habe das Lieblingsbuch meiner LT »verloren«, weil ich keine Lust mehr hatte, es hundertmal am Tag mit verschiedenen Stimmen vorzulesen.

Neulich erfuhr ich um zehn Uhr abends, dass meine Tochter für ein Schulprojekt ein chinesisches Gericht mitbringen sollte, und zwar gleich am nächsten Morgen. Da hab ich das hausgemachte Hundefutter genommen – Hühnchen mit Reis, das Gleiche, was wir essen, aber eben für die Hunde – und daraus mit gebratenem Tofu, Wasserkastanien und Brokkoli eine »Gourmet-Reispfanne« gezaubert. Ich war stolz auf meine Küchenkunst, hatte aber dennoch ein schlechtes Gewissen, wahrscheinlich weil ich keine handgerollten Fleischbällchen aus selbst geschlachtetem Schweinefleisch gemacht hatte... Ach, Mutter sein ...

Wenn anderen auffällt, dass sich das Verhalten meines Sohnes verbessert hat, sage ich immer, es läge daran, dass ich roten Farbstoff und raffinierten Zucker aus seinem Speiseplan verbannt habe. In Wirklichkeit liegt es daran, dass ich eine Therapie angefangen habe und ihn nicht mehr so viel anbrülle. Aber wie erklärt man das?

Kennt ihr die Fernsehserie Weeds? Die könnte von uns handeln. Wir wohnen in einem Vorort, haben eine sehr glückliche, wenn auch nur halbwegs funktionierende Familie, ich studiere im siebten Semester, mein Mann ist Inhaber einer erfolgreichen Firma ... aber in dem Häuschen, das meine Großmutter uns vor ein paar Jahren vererbt hat, verkaufen wir Marihuana. Wir verdienen eine Menge daran und können es nicht lassen. Ohne diesen Zuverdienst ging es uns schon nicht schlecht, aber mit ihm sind wir richtig reich.

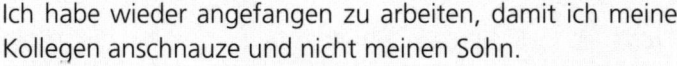

Ich habe wieder angefangen zu arbeiten, damit ich meine Kollegen anschnauze und nicht meinen Sohn.

Wenn ich mit meinem Sohn im Buggy in den Supermarkt gehe, »vergesse« ich schon mal, ein oder zwei Waren zu bezahlen, die ich unten in den Buggy gesteckt habe.

Mein Mann hat einen hochriskanten Job. Manchmal ertappe ich mich bei Tagträumen, in denen er bei der Arbeit umkommt und ich das Geld aus der Lebensversicherung bekomme. Was für ein schlechter Mensch ich bin.

☆

Ich habe bei Weight Watchers angefangen, nur um einmal in der Woche allein irgendwo hingehen zu können.

Meine Mutter hat mich zu einer starken, unabhängigen, tüchtigen Frau herangezogen. Wir haben zusammen die Klimaanlage eingebaut, den Rasen gemäht, den Grill repariert und sämtliche Steckdosen in der Küche ausgetauscht. Sie hat ohne die Hilfe meines Vaters meine letzten beiden Umzüge gemanagt und macht regelmäßig allein Urlaub. Sie würde tot umfallen, wenn sie wüsste, dass ich gar nicht die 60-Stunden-Woche einer Anwältin anstrebe, sondern einfach nur einen reichen Mann heiraten will, damit ich mich nicht um Geld kümmern muss.

Ich habe meinen Kindern immer noch nicht beigebracht, wie man die Uhr liest ... so kann ich einfach immer behaupten, es sei Schlafenszeit.

Meine Tochter bekam heute im Kindergarten lauter Komplimente für ihr süßes, rotblondes Haar. Der auffällige Orangeton kommt von der Tomatensoße, mit der sie sich gestern Abend eingeschmiert hat und die ich nicht ausgewaschen, sondern nur ausgebürstet habe.

Manchmal bin ich die Wäsche so leid, dass ich sie immer wieder in den Trockner tue, nur damit ich sie nicht einräumen muss. Das lasse ich dann den Göttergatten machen!

Wenn ich meinen Lippen-Fettstift nicht dabei habe, benutze ich stattdessen die Brustwarzensalbe.

Ich bin nur schwanger geworden, damit ich nicht mehr jeden Tag zur Arbeit muss.

Ich küsse und drücke meinen Sechsjährigen so oft es geht, weil ich eine solche Angst davor habe, dass er mich als Teenager hassen wird.

Wenn mein Mann morgens aufsteht, um zur Arbeit zu gehen, tue ich so, als ob ich schliefe, damit ich nicht mit ihm reden muss.

Als mein Sohn zahnte, hatten wir nichts da, um seine Schmerzen zu lindern, also nahmen wir das »Balsam der Lust« aus dem Kamasutra-Set. Komischerweise hat das besser geholfen als das Zahnungshilfe-Gel aus der Apotheke.

Wenn ich sauer auf meinen Mann bin, nehme ich alle seine Socken und rolle sie zu einer einzigen, riesigen Sockenkugel zusammen. Ich finde es lustig, wenn er dann die Paare mühsam wieder zusammensuchen muss. Kleine Freuden ...!

Wenn mich die Kinder so richtig nerven, setze ich mich am liebsten hin und blättere in Fotoalben. Dann sehe ich ihre süßen, lächelnden Gesichter und den ganzen Quatsch, den sie gemacht haben, und mein Herz wird weich. Ich sehe dann ein, dass auch diese Situation vorbeigeht und dass sie bald wieder meine kleinen Engel sein werden.

Wenn es Nacht ist, und alle schlafen, setze ich manchmal Kopfhörer auf und drehe meinen iPod auf. Dann tanze ich umher und stelle mir eine Weile lang vor, ich wäre ein berühmtes Pop-Sternchen beim Synchronsingen. Es klingt vielleicht doof, aber ich freue mich schon auf meine »Fantasiestunde«. Ich habe dann fast das Gefühl, als führte ich heimlich ein Doppelleben. Und obwohl ich weiß, dass es alles nur Spinnerei ist, gibt es mir ein gutes Gefühl, eine Zeit lang im Traum nicht nur Mama zu sein.

Ich bin H&M, und ich bin es sehr gern ...
Aber mein peinlichstes Geheimnis? Wenn
ich im Internet herumsurfe, tue ich so, als
wäre ich in einem großen Büro mit äußerst
wichtigem Papierkram beschäftigt, würde
Akten abheften ... Ich habe dann nicht so
ein schlechtes Gewissen deswegen, dass
ich so viel Zeit im Internet verbringe.

Wenn die Kinder schlafen, beuge ich
mich über ihre Betten und flüstere:
»Morgen bin ich eine bessere Mami,
versprochen.« Es gibt so viele Tage, an
denen ich wünsche, ich hätte es besser
gemacht.

Manchmal stelle ich mir vor, immer und überall von Kameras verfolgt zu werden. Das macht selbst die banalsten Arbeiten ein bisschen aufregender. Zum Beispiel kann ich beim Kochen so tun, als wäre ich in einer Kochshow. Oder in einem Musikvideo, wenn ich die Kinder aus der Schule holen fahre und im Auto singe. Ich stelle mir sogar vor, dass die Supernanny mit ihrem Kamerateam dabei ist, wenn meine Kinder Mist bauen, dann reagiere ich ruhiger.

Wenn ich mein wunderschönes Baby im Arm halte und wir einander liebevoll in die Augen schauen, wünsche ich mir manchmal insgeheim, dass es einschläft, sodass ich E-Mails checken kann.

Ich esse sämtliche Schokostückchen aus der Schoko-Müsli-Tüte.

Wenn meine Kinder zur Schule gegangen sind, spiele ich Guitar Hero, weil ich endlich besser sein will als sie.

Mir hätte mal jemand
sagen sollen ...

Mir hätte mal jemand sagen sollen, dass Kinder irgendwann auch durchschlafen.
Die ersten paar Wochen zu Hause, zurück aus der Klinik, mit meinem ersten Baby,
waren eine Erfahrung, die ich nicht noch einmal brauche. Nie wieder.

Mir hätte mal jemand sagen sollen, was für ein Arschloch mein Ex-LG ist. Ich hätte
ihn nie heiraten sollen.

Mir hätte mal jemand sagen sollen, wie schwer man es als Stiefmutter hat. Besonders, wenn die leibliche Mutter doof ist. Ich wäre gerne die Mutter seines Sohnes,
dann müssten wir uns nicht mit seiner Exfrau abgeben.

Mir hätte mal jemand sagen sollen, dass es im Leben anders ist als im Film.
Zeit ist kostbarer als Juwelen. Man sollte die Menschen, die man liebt,
immer besser behandeln als Fremde. Und man sollte sich seinen Humor bewahren,
denn der macht das Leben lebenswert.

Mir hätte mal jemand sagen sollen, dass es ganz anders ist, wenn's die eigenen
Kinder sind. Das stimmt wirklich – man kann sie nicht den Eltern zurückgeben,
wenn man genug hat!

Liebeskummer

von Bumble Ward

Ich möchte lieber gar nicht daran denken, dass N. am Freitag auszieht, um aufs College zu gehen. Ich bringe ihn per Billigflug nach New York und komme Sonntag ohne ihn wieder. Wenn ich daran denke, bildet sich ein Kloß in meiner Kehle, und ich muss die Wangen einziehen, damit mir keine Tränen kommen. Mir kommt es vor, als ob das alles viel zu früh passiert, als sei es erst ein paar Monate her, dass er ein kleiner Junge mit Topf-Haarschnitt (was habe ich mir dabei nur gedacht?) war, dass er einen besten Freund namens Joseph hatte, Power Rangers und Ninja Turtles toll fand und Angst vor dem Müllwagen hatte.

Jetzt ist er so groß, dass ich ihm nur noch bis zu den Achseln reiche. Gestern, als wir uns alle im Pool vergnügten, kletterte ich auf ihn, und er trug mich huckepack. Er fühlte sich an wie ein muskelbepackter Riese. Er hat einen so guten Kern, verglichen mit ihm komme ich mir vor wie ein schlechter Mensch. Wahrhaftigkeit strahlt bei ihm aus jeder Pore, dazu kommt sein untrüglicher Sinn dafür, was richtig und was falsch und was auf der Welt gerecht ist, und wer ungerecht behandelt wird. Ich kann nicht mehr mit ihm streiten, weil seine Argumente meist besser durchdacht sind als meine (tja, mein Abschluss in Rhetorik fällt nicht weit vom Stamm). Und wenn wir uns doch streiten, wie heute Morgen, als ich mich über seine negati-

ve Haltung beklagte, würde ich ihn am liebsten an mich reißen, drücken und ihm sagen, wie sehr ich ihn liebe.

Ach, Reue ist süß. Ich und nicht die Tagesmutter hätte mit ihm zum Badesee gehen sollen, als er noch ein kleines Kind war; stattdessen hing ich auf der Arbeit in einer zweifellos unnützen Telefonkonferenz fest. Ich hätte ihn jeden Tag von der Schule abholen sollen und mir anhören sollen, wie es war. Gott helfe den Müttern, die fest daran glauben, dass sie alles haben können, ich glaube nämlich nicht daran; ich glaube, dass wir es uns einreden, dass wir uns damit einer regelrechten Gehirnwäsche unterziehen.

Der englische Teil von mir will all das einfach runterschlucken und weitermachen. Ein anderer Teil von mir lacht über mein weinerliches Ego und sein klebriges Selbstmitleid und über mein ständiges Verlangen, ihn zu umarmen. Aber für mich ist dies nun einmal das Ende einer herrlichen Zeit. Und auch wenn jetzt etwas Neues und wahrscheinlich ebenso Schönes beginnt, im Moment macht mir das Ende zu schaffen. Ich möchte beten und Care-Pakete in braunes Packpapier wickeln und ihn anstarren wie ein Terrier mit Liebeskummer. Ich möchte ihm sagen, dass ich vor Stolz aus allen Nähten platze. Und ich möchte ihm sagen, dass auch dieser Streit vorübergeht und dass sein Lächeln bald wieder auf sein Gesicht zurückfindet und wir alle wieder lustig sind.

Bumble Ward schreibt alles auf unter
www.misswhistle.com.

3. Kapitel

Dieser Körper gehört ...

»Ich bin NICHT wabbelig.«

Eines Tages, mitten in einem Ringkampf mit meiner Tochter auf dem Bett, drückte sie mich bäuchlings in die Kissen, setzte sich kichernd auf mein Hinterteil und kitzelte mir den Bauch. »Mama, du bist so wabbelig«, rief sie. Dann machte sie meinen Po zur Bongotrommel und sang im Rhythmus: »Wabbelig, wabbelig, wabbelig!«

Gott sei Dank lag ich mit dem Gesicht auf dem Kissen. Ich hätte sie am liebsten abgeschüttelt und ihr eingeschärft, dass man »wabbelig« zu Pudding sagt, aber nicht zu Mami. Aber da sie und ihre Schwester ja ein gesundes Verhältnis zu ihrem Körper entwickeln sollen (egal ob »wabbelig« oder nicht), lachte ich nur so herzhaft ich konnte.

Wir Mütter sind Gestaltwandler. Unsere Körper dehnen und verformen sich und gehen durch das Austragen und Stillen von Kindern von der Form zur Funktion über. An guten Tagen kann ich die Rätsel und Wunder meines Leibes würdigen. Mit etwas Mühe finde ich Gefallen an meinen volleren Hüften und meinem weicheren Bauch. Mit halb zugekniffenen Augen sehen meine Schwangerschaftsstreifen schön aus. Wenn ich bei gedämpftem Licht im Ankleidezimmer meine Brüste mit den Händen umfasse und sie dorthin hebe, wo sie einmal waren, gefällt mir der Anblick. Aber das Alter und 27 Monate Schwangerschaft haben ihren Tribut gefordert, und inzwischen besteht ein Widerspruch zwischen gefühltem Alter: 28 mit Bikinifigur, und sichtbarem Alter: 45 und passabel im Badeanzug (nur mit guter Stützfunktion).

Dieses Kapitel macht deutlich, dass nicht nur ich mich frage: »Wer ist diese Frau da im Spiegel?« Manche Frauen erkennen sich nach der Geburt überhaupt nicht wieder. Die eine meint: »Eine fette Frau hat mich verschluckt!«, eine andere wundert sich, wie ihr Körper scheinbar über Nacht durch den ihrer Mutter ersetzt werden konnte. Am anderen Ende des Spektrums finden sich Frauen, die voller Überraschung ihre neuen Kurven feiern und merken, dass sie erst durch das Gebären eins mit ihrem Körper geworden sind.

Ich meinerseits denke oft voller Nostalgie an die Zeiten zurück, als ich noch Hüftjeans tragen konnte, deren Bund heute meiner Kaiserschnittnarbe gefährlich nahe kommt, oder als ich einfach in ein weißes T-Shirt schlüpfen konnte, ohne das Stretch-Unterhemd darunter, das alles am Platz hält. Dennoch ist das Heute die bessere Zeit. Mein Körper hat die erstaunliche Leistung vollbracht, drei wunderbare, gesunde Kinder auf die Welt und in mein Leben zu bringen, und dafür nehme ich die paar Gebrauchsspuren gerne in Kauf.

Ich habe ein tolles Gesicht, ich habe schöne Haare, ich ziehe mich gut an. Ich rieche gut. Ich bin lustig und klug und witzig und scharfzüngig und herzlich und höflich und mutig und poetisch und stark. Mein Mann liebt mich, meine Kinder lieben mich, meine Kollegen lieben mich, meine Freunde lieben mich. Warum ist dann das Einzige, was ich im Spiegel sehe, mein Bauch? Wie kann es sein, dass diese 20 Kilo Übergewicht alles andere entwerten? Wieso lasse ich das zu?

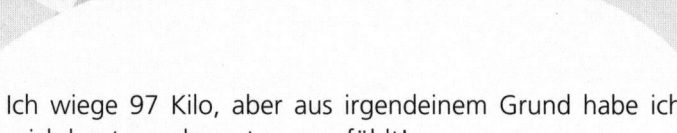

Ich wiege 97 Kilo, aber aus irgendeinem Grund habe ich mich heute verdammt sexy gefühlt!

Vor unserem letzten Umzug hatte ich eine Bauchstraffung und Brustimplantate. Alle meine neuen Freunde glauben, dass ich so gut aussehe, weil ich trainiere! Ich behalte mein Geheimnis für mich, weil sonst sicherlich hinter meinem Rücken getratscht wird!

☆

Wenn er mich nicht tröstet, tröste ich mich
mit Essen.

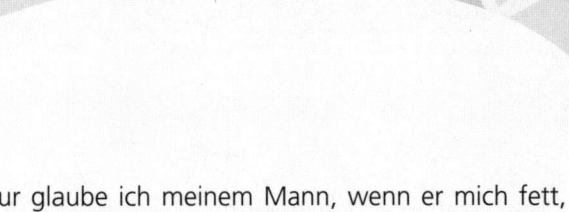

Warum nur glaube ich meinem Mann, wenn er mich fett, faul und dumm nennt? Und was wichtiger ist: Warum traue ich mich nicht, ihn zu verlassen?

Oh, was gäbe ich nicht für eine Fettabsaugung und eine Bauchstraffung!

Insgeheim finde ich mich schön. Ich habe meine 25 Schwangerschaftskilos immer noch drauf, aber wenn ich morgens meine Kurven ankleide und noch einmal in den Spiegel schaue, bevor ich gehe, finde ich mich überwältigend schön und denke nicht im Traum daran, abzunehmen. Dann sehe ich im Park die ganzen Yuppie- und Szene-Mütter und komme mir sofort dick vor. Ich wünsche, ich könnte mich den ganzen Tag so fühlen wie am Morgen.

Ich habe mein Kind gestillt, und jetzt befinden sich meine Brüste in einem Wettrennen zum Bauchnabel ... die linke wird wohl gewinnen.

Ich habe Übergewicht. Mein Bauch ist voller Schwangerschaftsstreifen und außerdem schlaff und wabbelig, weil ich abgenommen habe. Meine Brüste hängen. Meine Hüften sind überproportional. Meine Schenkel wabbeln. Meine Unterarme schlackern, wenn ich den Arm schon still halte. Und trotzdem liebe ich meinen Körper und kann nicht verstehen, wieso alle wollen, dass ich ihn verändere!

Gestern bekam ich beim Wäschefalten eine meiner Unterhosen zwischen die Finger. Mein LS (acht Jahre alt) sagte: »Die kann unmöglich von dir sein, Mama. Für die bist du zu dick.« Seitdem habe ich nichts mehr gegessen.

Ich habe der Verkäuferin bei Victoria's Secret einfach erzählt, dass meine BH-Größe deshalb neu gemessen werden muss, weil ich gerade ein Kind bekommen habe – was allerdings 20 Monate her ist. Sie musste mir dann schonend beibringen, dass sie meine neue Größe nicht führen und dass ich doch lieber zu Mode für Mollige gehen sollte.

Mit 34 habe ich mein zweites und letztes Kind bekommen, das ist jetzt vier Jahre her. Diese Schwangerschaft hat meinen Körper ruiniert. Jetzt bin ich richtig fett. Ich habe sogar eine ärztlich diagnostizierte Fettschürze. Eine große.

Ich dachte, wenn ich abnehme, fühle ich mich besser. Durch meinen Magen-Bypass habe ich 55 Kilo abgenommen, und was nun? Ich hasse meinen Körper nach wie vor. Jetzt sehe ich aus, wie ein riesiger, weißer Elefant, aus dem die Luft herausgelassen wurde. Wann hört das endlich auf?

Ich behaupte immer, der Grund für mein Übergewicht sei mein Sohn, aber ich war schon vorher so dick.

Ich bin fett und fantastisch. Weder das eine noch das andere lasse ich mir von irgendjemandem ausreden. Ich bin es, die hier den Laden schmeißt, und zwar lässig. Mit meinem fetten Arsch schaffe ich alles, was ich schaffen muss. So viel dazu.

Ich muss wieder meine weiten Jeans anziehen!!! Neeeiiin!!!

Neulich befand es mein LG für nötig, mich auf meine immer mehr werdenden grauen Haare hinzuweisen. Na, das tat gut. Ich bin erst 28! Warum fällt ihm nie etwas Positives auf?

Alter LT: 9 Monate.
Gewichtszunahme während der Schwangerschaft, in Kilo: 37.
Sportliche Aktivität seit der Geburt: 0.
Aktuelle Konfektionsgröße: 32

☆

Vorteile des Stillens: unbezahlbar.

Ich habe 53 Kilo abgenommen; warum komme ich mir immer noch dick vor?

Manchmal betrachte ich den jugendlichen Körper meiner
Tochter mit Neid. Aber meistens staune ich darüber, dass ich
etwas so Schönes hervorgebracht habe.

Ich mag meinen Körper. Ich mag die Brüste, die meine Tochter gestillt haben. Ich mag die Schwangerschaftsstreifen, die zeigen, wo meine Babys herangewachsen sind. Ich mag den größeren Bauch, die breiteren Schenkel wie bei einer afrikanischen Fruchtbarkeitsgöttin. Ich mag es sogar, dass ich wegen der Medikamente, die ich nehme, zugenommen habe, denn diese Medikamente haben mir das Leben gerettet. Ich mag meine langen Haare – sie reichen fast bis zur Taille – und meine Sommersprossen. Ich mag mein Grübchen. Ich mag MICH!

Ich habe mitbekommen, wie ein kleines Mädchen meine Tochter wegen ihrer dicken Mutter hänselte. LT (fünf Jahre alt) antwortete: »Meine Mama ist zwar dick, aber trotzdem viel schöner als deine!!« Ich habe die beste Tochter der Welt.

Dass ich so was einmal sagen würde ...

»Das da auf der Wand ist hoffentlich Zahnpasta und nicht dein Popel.«

»Wie kommst du nur dazu, dir deine eigene Lippe zu durchstechen?«

»Wenn du mit dem Pinkeln fertig bist, musst du ihn ein bisschen schütteln. Aber nicht zu sehr, sonst spielst du ja nur damit rum.«

»Du sollst dich deiner Schwester nicht auf den Kopf setzen.«

»Zieh deine Unterhose an, ich will nicht dauernd deinen Pipimann sehen.«

Umfrage

Welcher mütterliche Körperteil macht dir am meisten zu schaffen?

Hängebrüste: 10 %

Wabbelbauch: 49 %

Hüftgold: 2 %

Nichts davon – ich liebe meinen neuen Körper! 7 %

Alles davon – wo ist er hin, mein Körper? 31 %

»Meine Hüften, meine Schenkel, meine Brüste, mein Bauch«

von Catherine Connors

Vor meinem ersten Kind habe ich mich kaum um meinen Körper gekümmert. Ich war von Natur aus schlank und wohlproportioniert und hielt das für selbstverständlich. Ich hatte keinen Grund, über die Maße meines Busens, meiner Hüften oder meiner Taille zu klagen; ich machte nie Diäten und trainierte auch nicht. Ich kümmerte mich einfach nicht darum. Mein Körper war einfach so, wie er war, in Ordnung und nicht der Rede wert.

Es war der Luxus der Jugendzeit. Es war der Luxus eines Körpers, der die Strapazen des Schwangerseins, des Gebärens und des Stillens noch nicht erfahren hatte und dessen untere Regionen noch nicht auseinandergerissen worden waren.

Mit dem ersten Kind nahm ich etwa 30 Kilo zu. Es kümmerte mich nicht. Das würde schon wieder verschwinden. Mein Körper hatte noch nie Übergewicht gehabt und würde diesen Zustand auch jetzt nicht tolerieren. Also wartete ich einfach darauf, abzunehmen. Ich nahm nicht ab. Also versuchte ich, mich damit anzufreunden, oder es wenigstens zu ignorieren. Es gelang mir nicht.

Komischerweise lernte ich dadurch, dass ich mich mit meinem nicht länger wartungsfreien Körper befassen musste, ebendiesen Körper besser kennen. Mit meinem perfekten, jugendlichen Körper hatte ich nie ein besonders intimes Verhältnis gehabt. Das wäre ja auch nicht nötig gewesen. Ich war daher mit meinem Körper gar nicht vertraut. Aber diesen neuen Körper mit seinen Streifen, Dellen und schweren Brüsten – diesen Körper lernte ich kennen, mit ihm wurde ich vertraut. Mit meiner eingerissenen, vernarbten Vulva, meinen milchmüden, zerkauten Brüsten. Mit meinen gezeichneten Hüften und meinem alles andere als flachen Bauch. Mit den gepolsterten Oberarmen und mit der Stelle, an der meine Oberschenkel aneinanderreiben.

Und diese Vertrautheit – diese ambivalente Vertrautheit – brachte eine erotische Aufladung mit sich, die ich bisher nicht kennengelernt hatte. Meine Hüften, meine Schenkel, meine Brüste, mein Bauch: Sie waren jetzt unvollkommen geworden und fremd. Aber diese Fremdheit zwang mich dazu, mich mit ihnen bekannt zu machen, sie kennenzulernen, ihnen zu begegnen, sie zu berühren und zu begreifen, und das war, wie ich feststellte, geil. Irgendwie, ganz unverhofft, fand ich plötzlich meinen großen, geschundenen Mutterkörper schön – im erotischen Sinne schön, und auf eine Weise schön, die mein jugendlicher, perfekter Körper nie hätte erreichen können, eben aufgrund seiner Perfektion.

Ich bin wieder schwanger und fürchte mich manchmal vor der Zukunft dieses Körpers, meines Körpers. Werde ich immer noch erotischen Gefallen finden an noch geschundeneren Brüsten, an einem noch dickeren Bauch? Werde ich im Fitnessstudio landen und versuchen, meinem Körper seine banale Perfektion wieder aufzuzwingen? Oder werde ich einfach bei ausgeschaltetem Licht die Hände über das weiche Gewebe meiner Brüste streichen lassen, über die wellige Landschaft meiner Schenkel bis zu den Stellen, die die Natur mit Gewalt noch empfindlicher gemacht hat? Werde ich mir diese ganze Sauerei erotisch zu eigen machen?

Ich weiß es nicht. Aber die letztere Möglichkeit wäre mir schon recht.

Catherine zeigt sich unfehlbar fehlbar unter
www.herbadmother.com.

4. Kapitel

Vorbild werden ist nicht schwer ...

»Und dann schmiss ich mit dem
Schnuller nach ihm.«

In der Frage Vererbung oder Prägung bin ich immer noch unentschieden – ich habe keine Ahnung, in welchem Maße das Schicksal meiner Kinder bereits in den verzwirbelten Ketten ihrer DNS auf der Lauer liegt und wie viel Einfluss ich auf ihre formbaren Seelchen habe. Aber egal, ob ich auf der Rangliste der Rollenvorbilder nun vor oder hinter ihrem Freundeskreis liege, für eine vordere Platzierung wird es schon reichen. Kinder lernen durch Nachahmung, jedenfalls werde ich mich hüten, ihnen schlechtes Benehmen vorzuleben oder, schlimmer noch, Regeln aufzustellen und sie dann selber zu brechen. Und doch muss ich zugeben: Ich breche meine eigenen Regeln regelmäßig. Erst letzte Woche habe ich mit den Kindern wieder einmal unwillkürlich »Nicht nachmachen, gehorchen« gespielt und gleich drei Punkte erzielt.

Meine erste Verfehlung wurde mir bewusst, als meine heranwachsende Tochter Phoebe meine Aufräum-Doppelmoral anprangerte. Ich hätte kein Recht, sie wegen des Durcheinanders in ihrem Zimmer zu kritisieren, wenn mein Ankleidezimmer (in das sie unangekündigt hereingeschneit kam) keinen Deut besser aussähe. Sie würde in einer Woche ausziehen, um aufs College zu gehen, hatte also eine Ausrede. Und ich? Ich hatte keine. Sie hüpfte von einer Ecke in die andere und hob mit vorwurfsvoll und angewidert zusammengekniffenem Gesicht herumliegende Schlüpfer hoch und ließ sie wieder fallen. Genau wie ich es immer in ihrem Zimmer

gemacht hatte. Sie wies mich auf die offen stehenden Schubladen hin und fand sogar eine offene Dose Cola Light auf der Kommode. Treffer.

Mein Sohn Owen legte gleich darauf nach und verpetzte mich bei seiner Schwester Annabel: Als ich ihn zu seinem Freund fuhr, hatte ich einen Autofahrer, der es wirklich verdient hatte, als »besch***enes A****loch« bezeichnet. Sie konterte, indem sie meinen jüngsten Fauxpas ausplauderte: Ich hatte, vor der offenen Kühlschranktür stehend, mit den Fingern gegessen.

Trotz aller guten Absichten passiert es uns Müttern immer wieder, dass sich zwischen unseren Worten und unseren Taten ein Widerspruch auftut. Wir wissen, um was es geht: dass wir für unsere Kleinen die wichtigsten Vorbilder sind. Dennoch biegen oder brechen wir die Regeln im großen oder kleinen Stil und spielen nicht fair. Und wer kann uns daraus einen Vorwurf machen? Manchmal, in Augenblicken der Verzweiflung oder Angst, wenn wir vergessen, wer hier eigentlich erwachsen ist und uns selbst in ein rebellisches Kind zurückverwandeln, dann rasten wir eben aus, dann lassen wir eben das Licht an oder lecken die Schüssel leer.

Oft überrascht es mich (und macht mich dankbar), dass meine Kinder mir meine Verfehlungen vergeben und oft auch vergessen. Sie verlassen sich immer noch auf mich als Wegweiserin, Entscheiderin und Beschützerin. Und inzwischen habe ich gelernt, dass der

strenge Geruch der Doppelmoral, den ich manchmal verbreite, meinen Kindern die Gelegenheit gibt, einzugreifen und mich zu berichtigen. So werden sie zum Lehrer, und obwohl ich einen Fehler begangen habe, tröstet mich die Gewissheit, doch etwas richtig gemacht zu haben.

Neulich wollte mein Vierjähriger einfach nicht damit aufhören, wegen jeder Kleinigkeit zu knatschen. Ich war so genervt, dass ich ihn an den Schultern packte und anbrüllte: »Hör auf damit. Sag, was dir nicht passt, und hör auf, dich wie ein Baby zu benehmen!« Dann habe ich ihn auf sein Zimmer geschickt. Ich komme mir vor wie ein Arschloch, weil ich vor Wut so ausgerastet bin. Als ich in sein Zimmer ging, um mich zu entschuldigen, sagte er mir, dass es ihm leidtut, und dass er den Tag noch einmal von vorne anfangen will. Es hat mir das Herz gebrochen, und ich hasse mich selber dafür.

Gestern Abend schmiss mein Sohn mit seinem Schnuller. Ich war müde und frustriert und sagte: »Man schmeißt nicht mit Sachen!« Und dann schmiss ich mit dem Schnuller nach ihm.

Ich werde sauer, wenn meine Kinder mich beim Lesen stören – beim Lesen eines Erziehungsratgebers.

Ich habe vergessen, meine Kinder von der Schule abzuholen!

Ich habe als Nacktmodell für eine erotische Internetseite gearbeitet. Jetzt weiß ich nicht, wie ich meinen Mädchen später einmal Selbstachtung predigen soll.

Die drei Stunden am Nachmittag, die ich für mich habe, sind mir so wichtig, dass ich eher alle vier Kinder mit zum Einkaufen schleppen würde, als meine ZFM dafür zu opfern. Wenn die Kinder in der Schule sind, sitze ich auf dem Sofa und spiele Xbox.

Ich glaube, ich bin Alkoholikerin. Ich besaufe mich zwar nicht bis zum Umfallen, fahre betrunken Auto oder benehme mich irgendwie halsbrecherisch, aber ich brauche jeden Abend zwei bis vier Drinks, sonst gerate ich in Angst und Panik. Ich weiß nicht, wie ich damit aufhören kann. Ich hasse es, meinen Kindern so ein schlechtes Vorbild zu sein, aber wenn ich abends meinen Wein nicht kriege, fühle ich mich, als bekäme ich gleich einen Panikanfall.

Ich weine im Auto. Oft.

Ich besteche meine Kinder mit Süßigkeiten, damit sie sich im Supermarkt benehmen.

Meine Tochter hat offenbar meine orale Fixierung geerbt. Das Schlimme daran ist, dass ich 24 bin und immer noch damit kämpfe. Ich komme mir so verlogen vor, wenn ich sie ausschimpfe, weil sie den Schnuller ihres Bruders benutzt, Papier kaut oder an Stiften lutscht – dabei nuckele ich selbst am Daumen, wenn ich einschlafe.

Heute hat mich an der Autowaschanlage ein Mann dafür gerügt, dass ich meine Kinder mit dreckigen Schuhen auf einer Bank stehen lasse. Als er sagte: »Können Sie mal Ihren Dreck hinter sich wegmachen?«, erwiderte ich: »Können Sie mal aufhören, so ein Arschloch zu sein?« Und meine drei-jährige Tochter rief: »Genau! Können Sie mal aufhören, so ein Idiot zu sein?«

Ich kann zu meinen Kindern Nein sagen, aber nicht zu mir selbst. Ich bin so eine Heuchlerin. Wenigstens weiß ich, warum sie dünn sind, und ich 150 Kilo schwer bin.

Mir hätte mal jemand sagen sollen ...

Mir hätte mal jemand sagen sollen, dass mit dem Kinderkriegen mein Leben vorbei ist. Jetzt dreht sich alles nur um sie; »ich« existiere gar nicht mehr, und wenn ich ZFM haben will, ist das angeblich egoistisch.

Mir hätte mal jemand sagen sollen, dass alle irgendwie verkorkst sind, egal wie sie sich äußerlich zusammenreißen. Und dass die, die wirklich keine Schraube locker haben, total langweilig sind.

Mir hätte mal jemand sagen sollen, dass Größe 34 gar nicht groß ist. Jetzt trage ich Größe 42 und würde alles geben, um wieder in Größe 34 zu passen.

Mir hätte mal jemand sagen sollen, dass mein Seitensprung »aus Rache« für die Affäre meines Mannes langsam meine ganze Selbstachtung auffressen und mein sexuelles Verlangen völlig zerstören würde. Als Zugabe habe ich auch noch Herpes bekommen!

Mir hätte mal jemand sagen sollen, wie schnell die Zeit verfliegt und aus den Kindern Erwachsene werden.

»Ich bin immer noch eitel und wäre gern unersetzlich«

von Leah Peterson

Wer heiratet, rechnet nicht damit, sich je scheiden zu lassen. So war das auch bei uns. Mein erster Mann und ich wollten es unbedingt schaffen und kämpften 14 Jahre lang darum. Wir sagten uns: »Wir schaffen das! Wir finden eine Lösung, denn wir sind stark genug, um weiterzumachen!« Als es dann nicht mehr ging, wünschte ich mir nichts sehnlicher, als dass er eine Frau heiraten würde, die ihn und meine Kinder liebt. Wir wurden ein merkwürdiges Freundespaar mit langer und bunter Geschichte, und wir dachten nur das Beste voneinander.

Nach meiner Wunschvorstellung sollte seine neue Frau – dass er sofort wieder heiraten würde, stand außer Frage – die Kinder sehr, sehr, sehr lieben und für sie da sein. Ich wollte, dass meine Kinder sie als ihre andere echte Mutter ansehen würden. Dass sie ihr vertrauen, dass sie sie lieben würden. Das war vielleicht etwas seltsam, denn es konnte so aussehen, als ob sie mich ersetzen sollte. Aber für die Kinder würde es das Beste sein, eine richtige Familie zu haben. Für sie wäre alles andere womöglich schädlich, und zu keinem Zeitpunkt hätte ich das in Kauf genommen.

In den letzten Jahren hat ihre Stiefmutter alles erfüllt, was ich mir gewünscht und erhofft hatte. Wir sind vielleicht nicht beste Freundinnen geworden – und das ist wahrscheinlich gesünder als das Verhältnis, das ich mir erträumt hatte – aber wir gehen mehr als nett miteinander um und meistens sogar mit ein bisschen Wärme. Und die Kinder sehen sie als ihre Mutter an. Sie nennen uns beide unterschiedslos und im gleichen Atemzug »Mama«. Sie können sich in ihren Beziehungen zu uns beiden sicher fühlen und brauchen nicht »Stief-« oder »leibliche« zu sagen, es sei denn, es hört ein Dritter zu, der nicht eingeweiht ist. Dann holt vielleicht eines der Kinder etwas weiter aus, um zu erklären, wer wer ist. Vielleicht. Genauso gut kann es sein, dass sie sich die Erklärung sparen und den Zuhörer bewusst im Unklaren lassen.

Merkwürdigerweise gibt es kaum etwas, auf das ich stolzer wäre. Und dennoch versetzt es meinem Herzen jedes Mal einen Stich, wenn ich die Kinder »Mama« zu ihr sagen höre. Es ist ein seltsamer Augenblick der Selbsterkenntnis: Man verspürt Unbehagen und muss eine Schrecksekunde später daran denken, dass man sich dies alles gewünscht hat. Denn auf gewisse Weise bin ich immer noch eitel und wäre gerne unersetzlich. Ich wäre gerne die einzige »Mama« in ihrem Leben und sähe sie gerne in allen ihren kindlichen Bedürfnissen von mir abhängig. Und sie wäre dann dabei und bewährte sich als Stiefmutter, während ich die richtige Mutter wäre. Dies ist eine Wunschvorstellung, die mir ab und zu durch den Kopf geistert. Aber leider ist es in Wirklichkeit nicht so. Und Gott sei Dank ist es nicht so. Denn für die Kinder ist es das Beste, sich zu beiden Seiten hin sicher fühlen zu können. Und ich bin froh, dass sie »Mama« zu ihr sagen, auch wenn das Mutterherz dabei manchmal ein wenig blutet, was sie ja nicht sehen können. Vielleicht blutet das Stiefmutterherz ja mit.

Leah Peterson wünscht und hofft unter
www.leahpeah.com.

5. Kapitel

Zwischen Richterstuhl und Anklagebank

>>Das ist keine Muttermilch, sondern Soja-Kaffeesahne.<<

Meine beste Freundin stillte ihre Kinder bis ins Alter von zwei Jahren. Mit ihr als meinem wichtigsten Muttervorbild war es nur natürlich, dass ich – zusätzlich motiviert durch die dogmatische Ratgeberliteratur, die ich während verordneter Bettruhe stapelweise verschlungen hatte – ebenfalls stillen würde, so lange ich konnte.

Ja, mach nur einen Plan ...

Stillen war nicht so einfach – überhaupt nicht so einfach, wie es in den Büchern dargestellt wird. Vom ersten Tag an hatte ich Probleme damit, meine Tochter anzulegen, meine Brustwarzen waren wund und rissig, und ich telefonierte oft und lange mit den freundlichen, aber zur Bevormundung neigenden Damen von der La-Leche-Liga, die mir immer wieder Schritt für Schritt zu erklären suchten, wie meine aufgeblähte Brust in den winzigen Mund meiner Tochter zu bugsieren sei. Sie munterten mich auf und motivierten mich mit ihrem monotonen Motto »Breast is best!« zum Weitermachen.

Ich muss zugeben, dass ich ein paar Wochen lang jenes warme Gefühl von Bekifftheit genoss, das sich einstellt, wenn die Milch einschießt und Mutter und Kind eins werden. Aber dies waren flüchtige Momente, und nach sechs Wochen schmiss ich das Handtuch. Aber ich sagte niemandem etwas davon. Weder meinem Mann noch meinen Freundinnen.

Mit der Erklärung, ich könne ja nicht die einzige verfügbare Milchquelle sein (ich hatte ja auch noch einen Job, der auf mich war-

tete!), führte ich eine Flasche ins Leben meiner Tochter ein. Ich zog mich auch weiterhin zum ungestörten »Abpumpen« ins Schlafzimmer zurück, wo ich die mit zwei Schläuchen ausgestattete elektrische Milchpumpe anwarf und ein Nickerchen hielt. Um meine Spuren gänzlich zu verwischen, füllte ich die kleinen Milchtütchen mit Wasser und etwas Soja-Kaffeesahne und bewahrte einige davon im Tiefkühlfach auf, nur für den Fall, dass meine Freundinnen zu Besuch kämen. Eine von ihnen bemerkte einmal, dass ich froh sein könnte, so viel Milch zu produzieren.

Warum habe ich dieses Versteckspiel durchgezogen? Weil ich zu der Zeit erschöpft und überwältigt war und meine Entscheidung auf keinen Fall auch noch der Kritik oder der Verurteilung aussetzen wollte. Ich machte mir wegen meines »Versagens« schon genügend Vorwürfe, mir musste gewiss niemand mehr ins Gewissen reden.

Ob man nun ohrfeigt, zur Überbevölkerung beiträgt, Cola und Kekse zulässt oder arbeiten geht, während die Kinder noch klein sind – Vorwürfe und Werturteile werden zwischen Müttern ständig, blitzartig und mit voller Wucht ausgetauscht. Dabei wissen wir es besser: Wir liefern nur Stoff für Glaubenskriege und machen uns unsere schwere Arbeit nur noch schwerer. Auch wenn wir uns auf dem Spielplatz, im Büro oder beim Elternabend nicht ans Leder gehen, in Gedanken sind wir alle weniger nett zueinander und machen gerne die Entscheidungen der anderen schlecht, nur um unsere eigenen zu rechtfertigen.

Natürlich kann man in Erziehungsfragen geteilter Meinung sein, aber ich hege die Hoffnung, dass Mütter, die sich trauen, ihre abwertenden Gedanken online loszuwerden, vielleicht – nur vielleicht – im echten Leben ein wenig nachsichtiger miteinander umgehen.

Woher nehmen sich die Leute die Anmaßung, die Familienplanung anderer Menschen zu kommentieren? Sprüche wie: »Jetzt noch ein Mädchen?«, oder: »Fehlt nur noch ein kleiner Junge«, gehen mir auf die Nerven. Ich habe einen Jungen und ein Mädchen, na und? Meine Familie ist vollkommen. Ich liebe sie so oder so, und wenn sie beide Mädchen wären, wären wir jetzt auch fertig mit Kinderkriegen. Haltet doch einfach das Maul, es sei denn, ihr wollt die Kinder selber großziehen. Wie viele Kinder ich kriege oder nicht kriege, ist unsere Sache.

Ich bin sämtlichen politischen Gruppen bei Facebook bei-getreten, damit meine Online-Freunde mich nicht für doof halten, weil ich »nur« eine H&M bin.

Die ganze künstliche Aufregung, die ich in meinen mehr als zwanzig Arbeitsjahren miterlebt habe und die ich jetzt in den Mütter-Internetforen wiederfinde, bringt mich zu dem Schluss, dass wir, egal wie alt wir werden, nicht aus dem Kindergarten herauskommen.

Ich finde Leute, die nicht an ADHS, Autismus oder andere psychische Störungen »glauben«, ignorant und arrogant. Wer das Glück hat, sich diesen Herausforderungen selber nicht stellen zu müssen, darf daraus nicht schließen, dass diese Krankheiten nicht existieren. Und einfach die Fachkompetenz von Ärzten, Psychologen sowie die Erfahrungen unzähliger Betroffener abzuwerten, ist wirklich arrogant. Die Krönung des Ganzen? Der Stolz auf die eigene Leistung als Eltern, weil das eigene Kind »sich nicht so benimmt.« Glaubt mir, ich bin eine TOLLE Mutter. Wenn ihr mein Kind großziehen müsstet, wärt ihr bald nur noch ein Häuflein Elend.

Ich stille meine 16 Monate alte Tochter, und es ist mir egal, ob jemand das eklig findet. Es ist herrlich. Sie hat es gerne, ich habe es gerne, und es hält mich schlank.

Ist es wirklich so schlimm für eine Zweijährige, Simpsons zu gucken? Sie schaut doch eigentlich gar nicht richtig hin, und ich hab nur vergessen, den Kanal zu wechseln, als die Sendung anfing. Warum musst du immer an mir als Mutter herumkritteln? Danke auch, Mama.

Könnte nicht mal jemand einen Zaubertrank erfinden, der Kinder in der Öffentlichkeit brav macht? Wenn wir ihnen eine hauen, werden wir angeschaut wie der Teufel in Person. Wenn wir ihnen KEINE hauen, denken die Leute, dass wir zu »weich« mit unseren Kindern umgehen. Egal, was wir tun, wir Mütter werden unfair beurteilt.

Ich hasse es, Artikel über Baby-Ernährung zu lesen, in denen Mütter für ihre Entscheidung, die Flasche zu geben, kritisiert werden. Na und?! Wenn das Kind gesund und munter ist, ist es doch egal!

Ich arbeite nur aus einem einzigen Grund: um die Rechnungen zu bezahlen. Ich würde sofort bei ihr zu Hause bleiben. Aber um dafür nicht belächelt zu werden, behaupte ich immer, dass ich arbeite, um Kontakt mit Erwachsenen zu haben.

Ich kann es nicht haben, wenn Frauen, die selbst keine Kinder haben, meinen, sie könnten mich als Mutter beurteilen.

Bevor ihr mich dafür verurteilt, DASS ich meinen Sohn nicht gestillt habe, könntet ihr euch ja mal anhören, WARUM ich es nicht getan habe. Schließlich sind wir alle Mütter, die nur das Beste für ihre Kinder wollen. Jedes Kind ist anders, und nur die Mutter weiß, was ihr Baby braucht. Bevor ihr mich also »Egoistin« oder »schlechte Mutter« nennt, hört mich doch erst einmal an! Ich ernähre mein Baby, und darauf kommt es an. Ob Brust oder Flasche, ist doch egal. Worauf es ankommt, ist, dass ich meinen Sohn mehr liebe als mein eigenes Leben und dass ich alles für ihn tun würde. Also bitte verurteilt und beschimpft mich nicht, nur weil ich nicht gestillt habe.

Diejenigen unter euch, die sich verurteilt fühlen, weil sie nicht noch ein Kind möchten, sind nicht allein. Ich werde dafür verurteilt, dass ich (nach zwei vergeblichen Versuchen) immer noch ein Kind adoptieren will. Viele raten mir, ich solle »mit dem Kind, das du hast, zufrieden sein«.

Nach Ostern lasse ich mir die Brüste vergrößern, das habe ich noch niemandem in der Familie erzählt. Ich weiß, wie schnell sie mich dafür verurteilen würden. Ich habe nur einer Kollegin davon erzählt, weil ich ein paar Tage nicht da sein werde. Ich will einfach nicht, dass über mich getratscht wird – kann ich nicht einfach in Frieden große Titten kriegen?

Ich bin eine erwachsene Frau, warum ist es mir immer noch so wichtig, was mein Vater von mir hält? In ein paar Tagen kommt er zu Besuch, und ich wirbele umher, damit nur ja alles perfekt ist, wenn er da ist. Ich weiß nämlich, dass er mich beurteilt. Oh Mann!

Meine Siebenjährige hat einen IQ von 92, in ihrem Alter wäre 50 normal. Ich bin sehr stolz auf sie, weil sie nicht doof ist, weil sie sehr hübsch und in ihrer Klasse sehr beliebt ist. Wie kommt es, dass alle, denen ich von ihr erzähle, sie gleich aburteilen?

Wenn die Freundinnen meiner Tochter zum Spielen kommen, benimmt sich meine Tochter ihnen gegenüber irgendwie ziemlich anschmiegsam. Mir ist das unangenehm, und ich sage ihr dann, dass sie sich bitte schön zurückhalten soll, was sie auch tut. Ich habe eine Freundin (die lesbisch ist) gefragt, wann sie gemerkt habe, dass sie lesbisch ist. Sie fragte mich, warum ich das wissen wolle, und ich erzählte ihr von dem Verhalten meiner Tochter. Jetzt habe ich das Gefühl, ich hätte meine Tochter irgendwie verraten. Ich glaube ehrlich gesagt nicht, dass meine Tochter homosexuell ist (auch wenn ich sie dann kein bisschen weniger lieben würde), ich habe einfach nur nach Orientierung gesucht. Jetzt mache ich mir Sorgen, dass etwa meine Freundin es irgendjemandem erzählt oder dass sie meine Tochter aufgrund von Sachen, die ich, ihre MUTTER gesagt habe, beurteilt. (Meine Tochter ist übrigens zehn).

Ich finde es beschissen, dass die Leute annehmen, ich hätte Hormone genommen, nur weil ich Mehrlinge habe. Ich will nichts über die sagen, die Hormone nehmen, aber ich finde es beschissen, dass die Leute denken, ich hätte welche genommen.

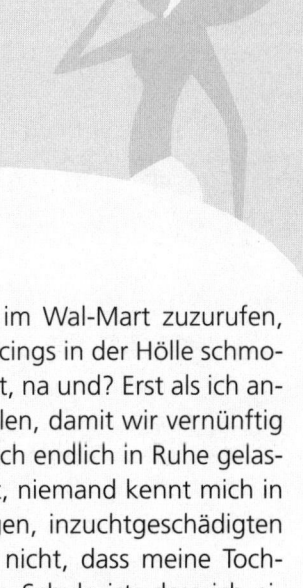

Wie kommt ihr dazu, mir mitten im Wal-Mart zuzurufen, dass ich für meine Tattoos und Piercings in der Hölle schmoren werde?! Meine Haare sind bunt, na und? Erst als ich anbot, die Bibel aus dem Auto zu holen, damit wir vernünftig darüber reden können, habt ihr mich endlich in Ruhe gelassen. Ihr kennt mich doch gar nicht, niemand kennt mich in dieser heuchlerischen, scheinheiligen, inzuchtgeschädigten kleinen Stadt! Ihr wisst doch gar nicht, dass meine Tochter die beste Schülerin der ganzen Schule ist, dass ich einen schwerkranken Elternteil pflege, dass ich seit 13 Jahren eine treu sorgende, liebevolle Ehefrau bin und neben meiner Tochter noch zwei Nichten großziehe. Ich dachte, beim Christentum ginge es irgendwie darum, nicht zu richten, damit man nicht gerichtet werde. Na, klingelt's?

Ich wurde in meinem Mütter-Internetforum schon öfter als Idiotin und als arrogant hingestellt. Die mögen mich eben nicht, weil ... ich ... (oh Gott) ... Republikanerin bin. Diese Muttis geben mir einfach die Schuld für alles, vom Irakkrieg bis zur Wirtschaftskrise. Ich habe damit gar nichts zu tun; Mann, ich habe noch nicht einmal George W. gewählt! Beide Male nicht.

Vielleicht ist das ja falsch, aber ich beurteile andere Mütter danach, wie sauber ihre Kinder sind ... schmutziges Kind = schlechte Mutter. Ist es denn so schwierig, ein Feuchttuch zu opfern und dem Kind die Schmiere aus dem Gesicht zu wischen?

Ach so ... Sie finden, dass jemand, der auf Lebensmittelmarken angewiesen ist, kein Eis und keine Chips für den Kindergeburtstag kaufen darf? Ich finde, die Leute sollten nicht so vorschnell urteilen, wenn vor ihnen an der Kasse jemand mit Lebensmittelmarken bezahlt.

Einige Leute meinen fälschlicherweise, dass ich gegen Abtreibung bin, nur weil ich ein ganz offensichtlich ungeplantes Kind ausgetragen habe. Das macht mich WAHNSINNIG. Manche lästern sogar vor mir über andere Frauen aus dem Bekanntenkreis, die abgetrieben haben. Pfui, zu eurem hasserfüllten, scheinheiligen Verein will ich nicht gehören, nee danke!

Dass ich so was einmal sagen würde ...

»Ehrlich gesagt mag ich deine Haare am liebsten in Blau-Grün, aber Pink-Violett steht dir auch nicht schlecht.«

»Beug dich vor, damit ich deinen Po einsprühen kann. Nein, ganz vorbeugen, berühr deine Zehen. Jetzt den Po aufmachen.«

»Das ist kein Kaubonbon, das ist Katzenkacke, spuck's aus.«

»Wenn du jetzt nicht aufstehst, lasse ich dich hier liegen und besorg mir ein neues Baby!«

Umfrage

Haben Sie Ihre Kinder schon einmal gebeten, etwas vor Ihrem Partner zu verheimlichen?

Ja, und ich sehe darin nichts Schlimmes! 10 %

Ja, aber nicht oft. 24 %

Nein. Meine Kinder können nichts für sich behalten. 14 %

Nein. Das wäre ein schlechtes Vorbild. 44 %

Nichts davon: 8 %

»Vollkornbrot finde ich gut –
theoretisch«

von Beth Feldman

Wenn Multitasking olympische Disziplin wäre, hätte ich die Goldmedaille gebucht. Wenn ich morgens aufwache, habe ich einen 45 Minuten langen Wettlauf gegen die Zeit vor mir, dessen Ziel es ist, alles so hinzukriegen, dass die Kinder rechtzeitig in der Schule sind und ich meinen Zug in die Stadt erwische. Manchmal verkürze ich die verfügbare Zeitspanne absichtlich, nur um meine persönliche Bestzeit zu knacken. Ich weiß, was Hochtouren sind, aber wenn es Sie interessiert, was ich morgens alles schaffe – hier ist das Protokoll:

6:45 Aufwachen. Umdrehen. Wieder einschlafen.

7:00 Aufwachen. Diesmal in echt.

7:10 Duschen. Merken: endlich Rasierklingen kaufen. Beine seit Wochen nicht mehr rasiert. An 55 Sachen denken, die ich heute noch erledigen muss. Plötzlich grandiose Geschäftsidee haben.

7:20 Schminken, anziehen, Haare fönen und glätten.

7:30 Kinder freundlich zum Aufstehen bewegen, weiter fönen.

7:35 Kinder unfreundlich zum Aufstehen bewegen. Haare weiter stylen. Der Kragen sieht zerknittert aus. Kragen mit Glätteisen glätten.

7:40 Kinder mit Gebrüll zum Aufstehen bewegen. Funktioniert nicht.

7:45 Kinder mit Geld zum Aufstehen bewegen. Funktioniert.

7:50 Tochter weigert sich, die von mir ausgewählte Hose zu tragen, weil zu kurz. Drei weitere Ensembles auswählen, bis sie eines akzeptiert.

7:52 Kleidung für Sohn auswählen. Erst Hose, dann T-Shirt, dann Socken anziehen – in der Reihenfolge. Wenn ich versehentlich das T-Shirt zuerst angezogen habe, muss ich ihn ausziehen und dann in der richtigen Reihenfolge wieder anziehen, sonst macht er das im Kindergarten.

7:55 Frühstücksbuffet für die Kinder: Cornflakes mit Marshmallows, Tiefkühlwaffeln und Pop-Tarts. Müsli und Vollkornbrot finde ich auch gut. Theoretisch.

7:56 Bemerke, dass diese Woche in der Schule unter dem Motto »gesundes Essen« steht. Auf einer Schokowaffel kauend hole ich einen Karton Eier heraus und zaubere huevos rancheros für los niños. Ach was. Zwei Rühreier, und gut ist.

8:00 Vergessen, online Lebensmittel einzukaufen. Gebe meiner Tochter drei Dollar für ein warmes Mittagessen und hoffe, dass mein Sohn die Reste von der Ente isst, die wir gestern beim Chinesen bestellt haben. (In der Schule gibt es Mikrowellen – so gemein bin ich nicht.)

8:07 Formulare für den nächsten Schulausflug ausfüllen. Melde mich als ehrenamtliche Elternbegleitung an, weil Tochter darum

bettelt. Merke, dass ich an dem Tag schon einen Termin habe, verschiebe die Lösung dieses Problems auf später.

8:10 Überprüfe Hausaufgaben der Tochter und entdecke offensichtliche Fehler. Hole Radiergummi aus der Küchenschublade und versuche, wie eine Drittklässlerin zu schreiben. Sehe, dass sie zwei Fragen nicht beantwortet hat, und versuche, wie eine Drittklässlerin zu denken.

8:11 Alarm. Wohnzimmer mit Saft kontaminiert. Brauche Nachschub an Küchentüchern! Spüre Dampf aus den Ohren austreten. Hole Küchentücher, Reinigungsmittel und Wischmopp, alles mit einer Hand. Sage den Kindern, dass sie im Wohnzimmer keinen Saft verschütten sollen – bekomme 49 Ausflüchte und sage ihnen, dass sie ab morgen in der Küche essen ... genial, oder?

8:15 Erinnere die Kinder daran, sich die Zähne zu putzen, die Haare zu bürsten, sich Jacken, Schals und Handschuhe anzuziehen.

8:20 Ab in die Garage. Alle anschnallen, und schon geht's los.

Und das ist ein ganz normaler Morgen. Manchmal muss ich mich noch mitten in dem Chaos um einen Text kümmern, der pünktlich fertig werden soll. Es sieht vielleicht so aus, als wäre ich dabei in Trance, aber in Wirklichkeit ist es hartes Training. Wer weiß, wann das olympische Komitee die Disziplin mütterliches Multitasking einführt? Wenn es geschieht, will ich bereit sein.

Beth Feldman kann man beim Multitasking bewundern unter
www.rolemommy.com.

6. Kapitel

Ich – was ist das?

»Mütter weinen nicht.«

Ich stand mit der dreijährigen Phoebe, meiner Erstgeborenen, mitten auf dem ABC-Teppich. Sie heulte, ihre Nase lief, ihr Gesicht war heiß und tränenverklebt. Sie vergrub ihren Kopf in den Falten meines Rockes und nahm meine Beine in den Schraubstock. Es war der erste Tag des »Kindergarten-Abschieds«, und alle anderen Eltern hatten sich schnell aus dem Staub gemacht, während ich dablieb, als letzte aller Mütter.

Einige der Kleinen schauten uns neugierig an und drohten jedes Mal selber in Tränen auszubrechen, wenn Phoebe einen Schluchzer ausstieß. So ging das nicht. Schließlich kam eine Kindergärtnerin auf uns zu, schälte Phoebe sanft von meinem Körper und wies auf die Tür. »Bloß – nicht – umdrehen,‹ flüsterte sie mir lächelnd zu, »das macht es für Sie beide nur noch schlimmer.«

Ich tat, wie mir geheißen, und stolperte benommen über den Flur zur Kaffeeküche, wo einige Eltern saßen und nervös in ihren Taschenkalendern blätterten (noch keine Handys, es war 1993). Die Leiterin des Kindergartens kam herein, grüßte uns freundlich, aber leicht herablassend, und wies uns auf die Bedeutung des Moments hin, den wir gerade durchlebten. Unsere lieben Kleinen würden das schaffen. Ganz sicher. Abschiedstränchen gehörten einfach dazu.

Meine Hand schoss aus der Menge empor, und mit einem dicken Kloß im Hals fragte ich: »Und was, wenn ich weinen muss?«

Ihr warmherziger Ausdruck wurde kühl, und sie sagte mit Nachdruck: »Dann tun Sie das bitte draußen. Mamis weinen hier nicht.«

Ich nickte und bekundete so mein Einverständnis damit, dass ich hier die Erwachsene zu sein hatte, die ihre Gefühle unter Kontrolle hat. Dann entschuldigte ich mich höflich und rannte schluchzend zum Klo, wo ich mich traurig, ängstlich und allein auf die Toilette in Kinderhöhe setzte und den Kopf in den Händen vergrub.

In meinen ersten Jahren als Mutter war dieses Fehlen eines Ventils für meine oft verwirrenden, peinlichen oder unerwarteten Gefühle die Regel, nicht die Ausnahme. Daher nahm ich, wie viele andere Mütter, den Weg des geringsten Widerstands und unterdrückte diese Gefühle. Ich kümmerte mich um andere, unterließ es aber ganz offenkundig, mich um mich zu kümmern. Ich ließ keine Vorsorgeuntersuchung für die Kinder aus, schaffte es aber nie ins Fitnessstudio. Ich dachte über jede Programmänderung bei Nickelodeon nach, schaute selbst jedoch nicht einmal mehr die Nachrichten. Ich machte mir Sorgen darum, dass meine Kinder keine Freunde finden könnten, während meine eigenen Freundschaften verkümmerten.

Die Geständnisse dieses Kapitels machen deutlich, dass dieses Problem universell ist und jeden von uns vor eigene, besondere Herausforderungen stellt. Gott sei Dank haben einige von uns erkannt,

dass es nicht, wie manche sagen würden, egoistisch ist, sich um seine körperlichen und seelischen Bedürfnisse zu kümmern. Es ist nichts weiter als Selbsterhalt. Andere von uns haben es noch nicht ganz begriffen und ärgern sich darüber, dass ihr Gatte der Einzige ist, der Zeit für sich hat (und dafür prompt mit einer kalten Dusche bestraft wird), während sie dastehen und nicht wissen, wann sie das nächste Mal Zeit zum Duschen finden werden.

Viele der Mütter, die hier ihre Geheimnisse und Geschichten offenbaren, beweisen vor allem ihren Einfallsreichtum. Auch wenn sie eigentlich keine Zeit für sich haben, ist ihr Verlangen danach so groß, dass sie irgendwie und irgendwo doch welche finden. So ging eine Mutter nicht nur aus Philanthropie zum Blutspenden – sie fand dort eine Mußestunde, in der zur Abwechslung einmal ihr Saft und Kekse serviert wurden. Ich selber muss bekennen, diesen Blutspende-ist-Zeit-für-mich-Trend nicht nur mitgemacht, sondern noch weiter getrieben zu haben. Ich fand heraus, dass der noch begehrtere Rohstoff Thrombozyten nicht nur eine, sondern zwei entschuldigte Freistunden mit Keksen und Internetzugang einbrachte.

Der große Plan der Evolution bündelt die volle Konzentration und die ganze Kraft der Mütter auf die lieben Kleinen hin. Aber wenn dies auf Kosten unseres Wohlseins geschieht, hat niemand etwas davon. Das ist nicht leicht zu begreifen und noch schwerer umzusetzen.

Um mit den Füßen auf dem Boden zu bleiben, rufe ich mir manchmal diese oft gehörten Stewardess-Worte ins Gedächtnis: »Wenn Sie mit Kleinkindern reisen, legen Sie bitte zuerst Ihre eigene Sauerstoffmaske an.« So einfach ist das, und so wahr. Ob auf 11 000 Metern oder am Boden, wenn wir frei atmen, können wir viel besser dafür sorgen, dass es allen anderen gut geht.

Irgendwann bin ich mir verloren gegangen. Ich war so sehr damit befasst, seine Frau und ihre Mutter zu sein, dass ich vergaß, wer ich in alldem war. Vor einigen Monaten habe ich entschieden, dass es in Ordnung ist, wenn ich hin und wieder an mich denke. Ich schminke mich, einfach so; ich gehe ins Fitnessstudio, einfach so; und ich kaufe mir ab und zu etwas, auch wenn es Verschwendung ist, einfach so! Einem meiner älteren Söhne fiel etwas auf, und er fragte mich, mit wem ich mich treffe; er dachte wohl, dass ich meinen Mann betrüge, was ich nie tun würde, ich bin treu wie Gold! Manchmal kaufe ich mir sogar Rosen, einfach so! Es wirkt – versucht es doch einfach auch mal!

Wenn mein Mann duscht, drücke ich die Klospülung (in der Gästetoilette), weil ich es nicht ertragen kann, dass er Zeit für sich hat, ohne dass ihn die Kinder stören. Ich höre ihn schreien und weiß, dass er einen Schwall kaltes Wasser abkriegt. Dann muss ich lächeln.

☆

Ich bin es leid, dass jedes Gespräch mit meiner Freundin eigentlich ein Wettbewerb darum ist, wer das intelligentere Kind hat.

Ich habe mich gerade per E-Mail bei Nickelodeon darüber beschwert, dass sie die neue Serie *Backyardigans* so früh ankündigen, schließlich haben meine Kinder noch gar keinen Zeitbegriff. Soll das mein Leben sein? Ich beschäftige mich mehr mit dem Kinderprogramm als mit den Nachrichten!

Dass ich mein Baby für ein paar Tage in der Woche in die Krippe gebe, dass ich in Vollzeit arbeite (drei Tage zu Hause und zwei im Büro), und dass ich alle paar Wochen die Babysitterin kommen lasse, damit ich soziale Kontakte pflegen kann, das alles macht aus mir eine bessere Mutter. Da ich auch ein Leben ohne meine Tochter habe, weiß ich jede Sekunde mit ihr zu schätzen und zu genießen. Auch meine Ehe bleibt dadurch gesund und glücklich. Ich muss niemandem vormachen, dass ich H&M sein wollte und damit glücklich bin. Eben weil meine Persönlichkeit nicht nur daraus besteht, Ehefrau und Mutter zu sein, kann ich diese beiden Rollen besser ausfüllen, und dafür sind mein Kind und mein Mann dankbar.

Um zu Hause auch mal Zeit für mich zu haben, sage ich meinem Mann, dass ich aufs Klo muss, obwohl ich gar nicht muss. Ich schließe die Toilettentür ab und spiele ein paar Runden Kniffel auf dem Handy.

Woher nehmen die anderen Mütter die Zeit und das Geld zum Frust-Shoppen? Ich kann froh sein, wenn ich daran denke, im Supermarkt ein Paar Socken mitzunehmen.

Ich weiß gar nicht mehr, wie es sich anfühlt, von Händen begrabscht zu werden, die nicht klebrig sind.

☆

Ich verlange doch nicht mehr als morgens
eine Dreiviertelstunde. Zwei Tassen Kaffee und
ein Blick in die Zeitung. Wie könnt ihr so früh
morgens schon so viel Energie haben? Mist.
Ich HASSE den Morgen.

Als Teenager habe ich meine Mutter dafür beschimpft, dass sie sich so sehr in mein Leben eingemischt hat und ihre eigenen Bedürfnisse zurückgestellt hat, um meine zu erfüllen. Jetzt habe ich selbst ein Kind und verstehe, warum meine Mutter so viel Eigenes für unser Wohlergehen aufgegeben hat. Großartige Mütter machen so was. Ich hoffe, dass ich nicht so viel opfern werde wie sie, aber ich bin ihr jetzt viel dankbarer. Nichts macht dankbarer der eigenen Mutter gegenüber, als selber Mutter zu werden.

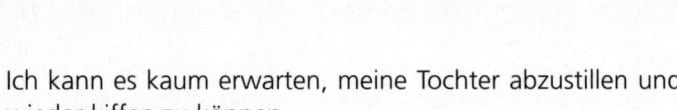

Ich kann es kaum erwarten, meine Tochter abzustillen und wieder kiffen zu können.

☆

Um ZFM zu haben, gucke ich Erotikfilme per Video on Demand, während mein Kleiner Mittagsschlaf macht.

☆

Ich bin nie gerne tanken gefahren. Aber jetzt genieße ich es, einfach dazustehen und ein paar Minuten ZFM zu haben. Klingt furchtbar, ich weiß. Ich bin wohl urlaubsreif!

Meine ZFM sieht so aus: Kinder in die Autositze schnallen, beim Starbucks-Autoschalter vorbeifahren, mit den schlafenden Kindern durch die Stadt fahren, schöne, große Häuser angucken und davon träumen, in so einem zu wohnen. Seufz.

Ich lasse mein Kind fernsehen, damit ich ZFM habe und Blogs lesen/schreiben kann.

Mir hätte mal jemand sagen sollen …

Mir hätte mal jemand sagen sollen, dass ich Alkoholikerin bin und dass es Hilfe gibt.

Mir hätte mal jemand sagen sollen, dass ich mich lieber nicht tätowieren lassen soll.

Mir hätte mal jemand sagen sollen, dass es nicht unbedingt gut ist, seinen besten Freund zu heiraten. Ich liebe meinen Mann, aber OHNE jegliche Leidenschaft. Ohne einen FUNKEN. Er ist ein prima Kerl, aber ich wünsche mir so sehr, dass wir nicht immer nur Kumpels sind, sondern auch mal ein leidenschaftliches Liebespaar.

Mir hätte mal jemand sagen sollen, dass man mit 40 erkennt, dass man für nichts, was man in jüngeren Jahren getan hat, Scham oder Reue empfindet. SEEEEEHR befreiend.

Mir hätte mal jemand sagen sollen, dass es für die Schlaflosigkeit, die mich in meinen Zwanzigern geplagt hat, eine einfache Therapie gibt: ein Kind zu bekommen!

»Diese Medizin wirkt gaaanz schnell.«

von Liz Gumbiner

»Ich brauche Medizin, Mami«, insistiert Thalia. Sie reibt sich die Augen und schlurft in ihren Pantoffeln über den Küchenboden.

Ich gehe ins Badezimmer zum Medizinschrank, in der Hand eine Schnabeltasse halb voll mit Milch. Ich wende der Zweieinhalbjährigen, die in der Tür steht, den Rücken zu und öffne mit theaterhafter Gebärde den Deckel, gebe etwas Verborgenes in den Becher und schüttle ihn gründlich durch, bevor ich ihn ihr reiche und sie sanft in Richtung Schlafzimmer lotse.

»Jetzt können wir uns hinlegen. Diese Medizin wirkt gaaanz schnell.«

Und sie ist einverstanden.

Meine kleine Judy Garland.

Ich weiß nicht genau, wann ich auf den alten Einschlaf-Medizin-Trick gekommen bin. Ich weiß noch, dass Thalia erkältet war und nach ein paar Abenden auf den Hustensaft mit Kirschgeschmack vor dem Zubettgehen bestand. Nate tat so, als würde er ihr etwas davon in die Milch schütten. Ich rügte ihn: »Was fällt dir ein? Sie soll Medizin nicht lecker finden! Sie wird später zur Hypochonderin! Sie wird noch die erste drei Jahre alte Drogensüchtige. Sie wird

im Kindergarten Pritt-Stifte schnüffeln!« Aber mit der Zeit gab ich nach.

Manchmal entscheiden wir uns für kurzfristige Vorteile statt für langfristige Lösungen. Aus einer kleinen Notlüge werden immer mehr kleine Notlügen – jeden Abend. Wochenlang.

Sie schließt die Augen und atmet tief, so als warte sie darauf, dass die Wirkung einsetzt. Endlich dämmert sie weg. Ich hasse mich.

Zugegeben, die allabendlichen Schlachten ums Zubettgehen vermisse ich kein bisschen.

Liz Gumbiner erzählt zwei Wahrheiten und eine Lüge unter www.mom101.com.

7. Kapitel

Unsagbares

>>Ich wünschte, mein Sohn wäre
auch so intelligent.<<

Ich habe in diesem Buch bisher ziemlich offenherzig meine persönlichen Pannen und Peinlichkeiten auf den Tisch gelegt. Damit Mütter ihre kostbare Zeit nicht mehr darauf verschwenden müssen, über die Frage: »Bin ich normal?«, nachzugrübeln – zum größeren Mütterwohle also – habe ich mein Privatleben unters Mikroskop geschoben. Aber an dem Punkt, wo ich meinen Namen unter meine verborgensten, dunkelsten Gedanken setzen soll, unter die, die ich mir selber kaum eingestehen und schon gar nicht laut aussprechen kann, an diesem Punkt muss ich eine Grenze ziehen. Auch wenn ich der Meinung bin, dass man aus schlimmen Gedanken nicht auf eine schlimme Mutter schließen sollte, weiß ich nicht, ob mein Mann, meine Kinder und meine Freundinnen unbedingt die leisen Stimmen in meinem Kopf mithören wollen.

Eines gebe ich zu: Fast jede Woche trage ich ein oder zwei Schoten zur Online-Beichte bei. Viele davon beschreiben auch die Befindlichkeiten, die in diesem Kapitel zur Sprache kommen: Reue und Buße, Wut, Furcht und Abscheu. Ich hatte einige politisch überhaupt nicht korrekte Gedanken über meine Mutterliebe, meine Pflichten als Ehefrau und, jawohl, über meine Mit-Mütter. Ich freue mich, dass neben mir so viele andere Mütter unter dem Schleier der Anonymität das Ihrige zu diesem überaus offenherzigen Austausch beigetragen haben. Sie haben Themen angerissen, die auf Spielplätzen und in Spielgruppen tabu sind: dass sie ein Kind bevorzugen,

dass sie enttäuscht waren, als der Ultraschall einen Jungen zu erkennen gab (weil sie sich ein Mädchen gewünscht hatten), dass sie die Kinder ihrer Freundinnen nicht ausstehen können und ihre eigenen manchmal auch nicht.

Hätte ich doch nur gewusst, dass der Gedanke, mitten in der Nacht ins Auto zu springen und mein drei Wochen altes Schreikind mit Vater und Hund alleinzulassen, kein Anzeichen psychischer Erkrankung ist, sondern ein weitverbreitetes Ergebnis von hormonellem Aufruhr und Schlafentzug. Ich hätte mir eine Menge Selbstzweifel und Therapeutenhonorare sparen können.

An manchen Tagen (heute zum Beispiel) ist mir unter allen Haushaltsmitgliedern die Katze am liebsten.

Mein Sohn ist sechs Monate alt, und ich kann meinen Mann immer noch nicht länger als eine Stunde mit ihm allein lassen.

Ich habe einen intellektuell anregenden Beruf aufgegeben, um zu Hause bei meinen Kindern zu bleiben. Die meiste Zeit bin ich damit beschäftigt, Windeln zu wechseln und ihre nie versiegenden Wünsche zu befriedigen. Jeden Tag frage ich mich, ob es das wert war.

Manchmal träume ich davon, mich scheiden zu lassen, dann hätte ich jedes zweite Wochenende frei.

Mein Mann ist ein besseres Elternteil als ich. Er kocht, er spielt mehr mit den Kindern, er ist geduldiger. Falls ich früh sterben sollte, würden sie sicherlich auch ohne mich problemlos groß werden. Dafür liebe und hasse ich ihn.

Wenn der Ultraschall zeigt, dass dieses Kind ein Junge wird, werde ich echt enttäuscht sein. Ich habe schon zwei Jungs, die ich sehr liebe, aber ich möchte SOOO gerne ein Mädchen ...

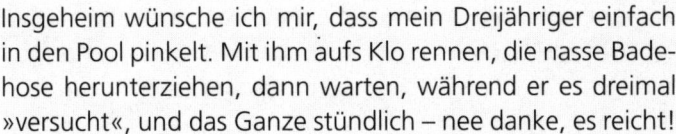

Insgeheim wünsche ich mir, dass mein Dreijähriger einfach in den Pool pinkelt. Mit ihm aufs Klo rennen, die nasse Badehose herunterziehen, dann warten, während er es dreimal »versucht«, und das Ganze stündlich – nee danke, es reicht!

In Wirklichkeit gehen wir deinen Freund deshalb nicht besuchen, weil die Mamis nicht miteinander spielen mögen.

Ich konnte den Tag kaum erwarten, an dem meine Kinder zum ersten mal »Mami« sagen würden. Jetzt wünsche ich mir nur, sie würden es lassen.

Ich hasse meine SM. Ich tue so, als hätte ich ihr all die schlimmen Dinge, die sie gesagt und getan hat, verziehen, aber tief in mir weiß ich, dass ich ihr nie vergeben werde.

Ich HASSE Tiffy. Ich finde, Samson sollte sich
mal auf sie setzen.

☆

Immer, wenn mein Mann abends ausbleibt, frage ich mich, ob er wohl einen Unfall hatte, und dann stelle ich mir vor, was ich alles mit dem Geld aus seiner Lebensversicherung machen könnte. An diesem Punkt höre ich meistens den Schlüssel im Türschloss, und dann überkommen mich gleichzeitig Scham und Enttäuschung.

Mein LG und ich hatten bereits ein 18 Monate altes Kind, als wir beschlossen, noch eins zu bekommen. Zu unserer großen Überraschung wurden wir auch gleich schwanger. Nach acht Wochen hatte ich eine Fehlgeburt. Ich war froh. Zu der Zeit war ich noch nicht bereit, den Weg zur Mutterschaft erneut zu gehen. Jetzt haben wir ein vierjähriges und ein einjähriges Kind. Die beiden sind das perfekte Paar, und ich habe das Gefühl, dass der Abbruch sein sollte. Ich habe noch keiner Menschenseele erzählt, dass ich über die Fehlgeburt erleichtert war.

Ich weiß nicht, ob mein Mann seine Kinder wirklich liebt. Ich weiß auch nicht, ob er mich wirklich liebt. Ich liebe ihn aber so sehr.

Geld macht Menschen nicht glücklich, aber es macht Dinge MÖGLICH.

Das Übergewicht vom LG finde ich abturnend. Er weiß, dass er dick ist, ahnt jedoch nicht, dass bei uns im Bett deshalb so wenig los ist, weil sein Körper mich deprimiert. Ich bin zu feige, um es ihm zu sagen.

Ich wünsche, mein Sohn wäre so intelligent
wie andere Kinder.

☆

Ich hatte gerade einen schlimmen Tag mit meinem vierjährigen Sohn. Was hat mich nur dazu gebracht, ein Kind zu
kriegen? Ich weiß es nicht mehr ... Ach ja, LG wollte es. Und
der ist den ganzen Tag bei der Arbeit und nie da, wenn sein
Sohn getröstet, gebadet oder sonst wie umsorgt werden
muss. Grrrrrrr.

Ich dachte immer, dass Frauen, die sich ärgern, weil ihr Kind nicht das gewünschte Geschlecht hat, irgendwie dumm sind. Dann habe ich erfahren, dass ich noch einen Jungen bekomme, und jetzt darf man mich die Mutter aller Scheinheiligen nennen. Um es gleich zu sagen: Ich werde dieses Baby lieben und beschützen und würde lieber sterben, als dass ihm irgendetwas geschieht. Aber bei uns ist nach den zweien Schluss, und irgendwie trauere ich jetzt um die Kleidchen und Schleifchen und darum, meinen Mann zusammen mit Papas kleinem Mädchen zu sehen. Darf ich mich denn über den gesunden, wunderschönen kleinen Jungen in mir freuen und gleichzeitig das beweinen, was mir dabei entgeht?

Dass ich so was einmal sagen würde ...

»Wenn ihr euch umbringen wollt, macht das bitte draußen!«

»Nein, auf der Zunge kriegst du kein Pflaster.«

»Bitte keinen Popel essen.«

»Neeeiiin! Nimm den Kopf aus dem Klo!«

»Hör doch mal auf zu basteln und guck ein bisschen fern. Das macht wenigstens keinen Dreck!«

Umfrage

War deine Heirat eine Vernunft-entscheidung?

Nein, überhaupt nicht. Ich habe die Liebe meines Lebens geheiratet. 48 %

Ja. Absolut. Ich wollte Kinder haben und abgesichert sein. 8 %

Ja. Mr. Right war vergeben, also habe ich den hier geheiratet. 12 %

Nichts davon. Die Sache ist komplizierter ... 32 %

»Morgen ist vielleicht gar kein neuer Tag.«

von Kara Swisher

»Guck mal, Mama.«

Ich gebe es ungern zu, aber ich guckte nicht hin. Wie bei den meisten Vierjährigen kommen bei Louie die Guck-mal-Rufe derzeit im 20-Sekunden-Takt. Ich weiß, dass eine gute Mutter so etwas nicht tut (und schon gar nicht zugibt), aber immer öfter schaue ich gar nicht mehr hin und murmele einfach so etwas wie: »Sieht super aus«, oder: »Toll«, um sein Verlangen nach meiner ungeteilten Aufmerksamkeit zu besänftigen.

»Aber Mama,« quengelte er letzte Woche eines Abends. »Guuuuck maaaal, ich bin 16.« Diese Worte ließen meinen Kopf hochschnellen, und als ich mich ihm zuwandte, stand er aufrecht auf einem Küchenstuhl, reckte das Kinn in die Luft und schüttelte seine dreckige, blonde Mähne. »Ich bin 16 und schon fast erwachsen,« stellte er fest. Und so sah er auch aus, furchtbar stolz auf seine großartige Darstellung des zweifellos hoch aufgeschossenen Teenagers, der er eines Tages sein würde. Es war ein so klarer Blick in die Zukunft, dass ich fast geheult hätte. Ich sah ihn vor mir stehen, heute in zwölf Jahren. Ich sah seine schlaksige Jugendlichkeit bereits den ersten Erwachsenenzügen weichen.

Meine unterdrückten Tränen waren kein Ausdruck von Sentimentalität, das ist mir fremd, sie quollen aus einem handfesteren Grund: Ich hatte mir eine solche Zukunft nie vorstellen können. Diese Vorstellung war für mich etwas Ungewöhnliches, denn bevor ich Mutter wurde, hatte ich nie ein klares Bild von meiner Zukunft gehabt. Schließlich war mein Vater gestorben, als ich fünf war, und ich hatte daraus die bittere Lehre gezogen: Morgen ist vielleicht gar kein neuer Tag.

Er war erst 34 Jahre alt. Dr. Louis Bush Swisher starb an den Komplikationen eines Gehirnaneurysmas, das ohne Vorwarnung an einem sonnigen Sonntagmorgen vor 40 Jahren platzte. Ich sah zu, wie mein Bruder laut an die Tür des Elternschlafzimmers klopfte, um meinen Vater zu wecken. Die Tür war verschlossen, Jeffrey drehte und drehte am Türknopf und rammte seine Hüfte gegen die Tür.

Wir dachten beide, dass mein Vater beim Schreiben der Rede, die er am nächsten Tag halten sollte, fest eingeschlafen sei. Jeff fuhr daher fort, gegen die Tür zu treten und zu trommeln und einen solchen Lärm zu erzeugen, dass meine Mutter schließlich kam, ungeduldig anklopfte und rief: »Bush, Bush, mach endlich die Tür auf, du machst Jeff ganz verrückt.« Aber er wachte nicht auf.

Danach ging alles schnell: Die Feuerwehr kam und hieb die Tür mit der Axt in Splitter, dann der Notarzt und die Trage, von der alles

Mögliche herunterhing. Und die außergewöhnliche Stille, als alles vorbei war.

Zwangsläufig kamen wir oft auf meinen Vater zu sprechen. Wenn wir Leute kennenlernten, kam immer die Frage: »Was macht denn euer Vater?«

»Nichts«, antwortete ich dann. »Er ist tot.«

»Oh, das tut mir leid«, war die Standardreaktion. Mir war das immer unangenehm, ich hätte gerne erklärt, dass es in Ordnung sie, dass es lange her sei und dass es mir gut gehe. Aber ich sah immer nur in peinlich berührte Gesichter, und das beendet schnell die Konversation.

Ich käme auf Stunden, wenn ich die Minuten dieser peinlichen Momente aufsummieren würde. Und noch weitere: leere Vatertage; ein fehlender Elternteil bei Schulaufführungen; gute Noten ohne sein Schulterklopfen; ein Abschlussball ohne Mahnung zur Vorsicht. Und was vermissten wir noch? Vor allem vermutlich die Liebe.

Was blieb, war die unausweichliche, fast schon klischeehafte Prägung, die ein so tragisches und drastisches Ereignis meinem ganzen Leben verlieh. Ich bin in Krisen stark (keine Panik, Leute!), aber nicht besonders gut darin, Bindungen einzugehen (es kann doch jeder jederzeit sterben). Eine solche Haltung ist zwar amüsant, aber nicht besonders menschenfreundlich.

Und dies ist teilweise der Grund dafür, dass ich schon in ganz jungen Jahren wusste, dass ich Kinder haben will, denen ich nie, weder physisch noch emotional, entgehen könnte. Ich möchte nicht wie eine kalifornische Esoterik-Tante klingen, aber ich wusste, dass ich über den Tod meines Vaters nur dadurch hinwegkommen würde, dass ich selber Kinder bekäme. Der Weg dahin würde angesichts der Tatsache, dass ich, seit ich denken konnte, homosexuell gewesen war, eine Reise werden, wie ich sie mir nicht hätte vorstellen können, zumal der Blick in die Zukunft ja noch nie mein Ding gewesen war.

Als ich am Abend von Louies spontaner Pubertät daran zurückdachte, wie es gewesen war, Louie und später seinen Bruder Alex zu bekommen, schien Louie plötzlich auf alarmierende Weise meine Gedanken zu lesen. »Ich bin doch in echt noch nicht 16, Mama«, sagte er, »das war doch nur im Spiel.«

»Ich weiß, Schatz, das ist noch lange hin«, antwortete ich zerstreut.

»Eigentlich«, erklärte er, »möchte ich immer vier bleiben, und du würdest nie sterben, auch nicht, wenn du ganz alt wirst.«

Möchte ich auch, dachte ich, das möchte ich auch.

Kara Swisher hat eine Kolumne zum Thema Technologie und ist Begründerin der zumWall Street Journal gehörenden Website allthingsd.com.

8. Kapitel

Sexy Mamas

»... und zwar nicht mit meinem Mann.«

Als meine Tochter Phoebe elf Jahre alt war, saß sie nach der Schule mit zwei Freundinnen verschwörerisch flüsternd am Esstisch. Das neuste Gerücht war, dass ein paar ältere Mädchen auf der Schultoilette beim Oralsex erwischt worden waren. Ich hatte gelernt, erst einmal den Wissensstand – wichtiger noch: den vermeintlichen Wissensstand – zu ermitteln, und dann erst meine Meinung oder eine Erklärung beizusteuern. Also fragte ich beiläufig: »Wisst ihr eigentlich, was Oralsex ist?«

»Oh Mann, klar wissen wir das!«, antworteten sie spitz. Ich nutzte die Gelegenheit und begann, über die Bedeutung von Selbstachtung und Liebe in Beziehungen zu dozieren. Gerade wollte ich: »Oralsex IST Sex – egal, was Clinton sagt«, anbringen, als mich Phoebe mit einer Frage unterbrach: »Macht ihr das auch, du und Tom (mein Mann, ihr Stiefvater)?«

»Öh, äh, ja«, stammelte ich. (Auch wenn Tom beim Lesen dieser Zeilen sicherlich denken wird: »Bei Weitem nicht oft genug.«)

»Und hast du das auch mit meinem Dad gemacht?«

»Öh, äh, ja.« (Hier wird Jeremy, mein Ex, Tom beipflichten.)

Bevor das Verhör seinen Lauf nehmen konnte, setzte ich ein paar Grundregeln fest – ich würde über alles sprechen, solange ich nicht die Hauptdarstellerin des fraglichen sexuellen Szenarios sei. Keine Ausnahmen.

Sex – wie man darüber spricht, aber auch denkt und fühlt – ist ein Lieblingsthema der Mütter in der elektronischen Beichte. Genau wie ich berichten die Mütter davon, wie ihre Pubertierenden und Vorpubertierenden mit Entsetzen dem elterlichen Sexualleben auf die Spur kommen. Außerdem berichten sie von unerfülltem (»Ich will jede Nacht – er nicht«) oder fehlendem Verlangen (»Im Kreißsaal ist meine Libido verloren gegangen«), sowie von der Schwierigkeit, zwischen dem Waschen von klebrigen Mündern, dem Jonglieren mit beruflichen Anforderungen und dem Organisieren von Fahrgemeinschaften auch noch Zeit und Raum für die innere Verführerin zu finden. Der Heilige-Hure-Komplex erhebt sein hässliches Haupt, und auch wenn es keine Antworten gibt – vielleicht nur noch mehr Fragen –, ist es doch gut zu wissen, dass wir alle das Land der Lust, des Verlangens und der sexuellen Entgrenzung nur noch mit Mühe erreichen, wenn die, die eben daraus einmal entsprungen sind, nur ein paar Meter entfernt sind.

Wenn ich mit meinem Mann Krach habe, trage ich manchmal absichtlich Reizwäsche, um es ihm unter die Nase zu reiben, dass er heute nicht randarf.

Ich habe meine drei Kinder in unserem Hotelzimmer in New York allein gelassen und mit meinem Mann im Treppenhaus Sex gehabt.

Meine Nichte benutzt für Sex den Ausdruck »Plätzchen backen«. Mein Mann und ich nennen es »zelten gehen«, denn er besorgt das Zelt!

Es ist mir vollkommen egal, ob ich je wieder Sex mit meinem Mann haben werde. Ich habe meine Vibratoren. Sie machen mich glücklich und lassen den Klodeckel nicht hochgeklappt.

Wir haben gerade erfahren, dass ein befreundetes Paar auf Partnertausch steht. Ich darf es meinem LG gar nicht sagen, aber ich hätte auch Interesse.

Warum stapelt sich der Abwasch? Weil Mami Zeit für sich und ihren Vibrator brauchte. Darum.

Ich träume die ganze Zeit davon, meinen Mann zu verlassen ... wegen einer Frau.

Ich muss die ganze Zeit an meinen Ex denken; ich möchte ihn ein allerletztes Mal treffen.

Mir ist gerade klar geworden, dass ich eine Affäre mit dem Vater eines Klassenkameraden meines Sohnes in Betracht gezogen habe. Dabei finde ich ihn nicht im Geringsten attraktiv. Ich weiß aber, dass er mich attraktiv findet, und das fühlt sich gut an. Warum bin ich so?

Ich wollte immer einen Mann, der mich packt, aufs Bett wirft und mir die Bluse aufreißt, aber ich hätte nie gedacht, dass mir dieser Wunsch von einem quengelnden, milchhungrigen Krabbelkind erfüllt werden würde.

☆

Ich habe eine Baby-DVD eingelegt und meinen Sohn vor den Fernseher gesetzt, damit ich Sex haben kann, und zwar nicht mit meinem Mann.

☆

Ich bin H&M und bekomme Geld von meinem Mann, wenn ich ihm einen blase. Das ist das einzige Geld, das ich für mich habe.

Ich wünsche mir, dass mich mein Mann wieder so anfasst, wie er es tat, bevor wir Kinder bekamen.

☆

Ich bin eine erfolgreiche Frau, ich habe einen Beruf, ein schönes Haus und eine Familie. Mein Mann ist perfekt und liebt mich sehr. Ich bin eine vorbildliche Mutter, die nie aus der Reihe tanzt. Aber immer, wenn ich einen Punk mit tätowierten Armen und Irokesenschnitt sehe, möchte ich mit ihm durchbrennen.

Mein Mann ist Wochenendpendler, und heute habe ich mich massieren lassen ... von einem MANN, auf eigenen Wunsch. Ich bin so notgeil. Er hat mich von oben bis unten bearbeitet, auch meinen Po, und ich konnte mich kaum entspannen. Er fragte immer wieder, ob es mir gut geht, und ich sagte: »Ja, nur ein bisschen wuschig!« Oh Mann, ich brauch es jetzt so dringend. Komm schnell nach Hause, Liebster!

Ich stelle mir vor, dass ein richtig heißer Stripper zu mir nach Hause kommt (wenn die Kinder nicht da sind, klar doch!). Am geilsten fände ich die Stelle, an der er nur noch seinen Slip anhat. Er würde dann nicht sein Ding rausholen, sondern lauter Putzzeug. Dann würde er tanzend das ganze Haus gründlich putzen, die Fenster, die Kachelfugen, den Kühlschrank. Das würde mich so anmachen! Wenn ich darüber nachdenke, müsste er gar nicht so sexy sein, solange er nur gründlich sauber macht.

Ich weiß, dass der Mann einer guten Freundin, die ich aus der Spielgruppe kenne, sie betrügt. Es ist schrecklich, aber ich finde, dass sie es nicht anders verdient, schließlich vernachlässigt sie ihn und erzählt allen, dass sie sich ihm verweigert.

Ich fühle mich immer noch sexy, auch wenn ich jetzt einen Minivan fahre.

Ich habe die Kinder zu Weihnachten reich bescheren können ... von dem Geld, das ich als Begleitdame verdient habe.

Als mein Mann heute nach Hause kam, war ich es so leid, immer nur »Mama! Mama! Mama!« zu sein, dass ich die Kinder vor SpongeBob sitzen ließ, die Badezimmertür hinter uns verschloss und mich LG hingab ... Es war ein egoistischer Impuls, aber es hat verdammt noch mal gutgetan. Jetzt ist er mit den Kindern auf dem Spielplatz. Das Leben ist gut.

Ich werfe Männern Blicke zu und hoffe, dass mich einer mal in der Rubrik »Verpasste Gelegenheiten« auf Craigslist.org sucht.

Wenn ich keine Lust auf Sex habe, stelle ich mir vor, dass ich keine Wahl habe, weil ich ihm gehöre, und er mit mir machen kann, was er will. Das bringt mich in Stimmung, und zwar sofort. Fantasien sind doch das Geilste.

☆

Ich bin heftig in einen nicht so bekannten britischen Schauspieler namens Andrew Knott verknallt. Wenn ich mit meinem Mann schlafe, stelle ich mir vor, es wäre er.

Angeblich gehe ich aus dem Grund zum Bio-Supermarkt, weil mir die gesunde Ernährung meiner Familie wichtig ist, aber eigentlich kaufe ich dort ein, um die tätowierten, knackigen, erdigen Kerle zu begaffen.

Ich bin die Andere UND die Ehefrau. Ich komme mir so verlogen vor.

Ich liebe meinen LG und will auch keinen anderen, aber ich bin völlig verknallt in meinen Frauenarzt.

Ich habe schon wieder Pornografie auf unserem Computer gefunden. Ich bin stinksauer. Warum wollen Männer das immer sehen? Ich bin eine Frau, die gerne Sex hat. Wenn es anders wäre, könnte ich es ja verstehen, aber so? Die Männer verstehen nicht, wie weh es tut, wenn einem gezeigt wird, dass man nicht gut genug ist, denn genau das zeigt einem Pornografie. Männer sagen uns dadurch nur wieder, dass wir so aussehen und uns so verhalten sollten. Werden wir dafür geachtet, dass wir gute Ehefrauen und Mütter sind? Nein. Aber so eine Schlampe muss nur vor aller Welt die Beine breit machen, und alle finden's geil.

Ich sollte eigentlich Zoloft nehmen, habe es aber abgesetzt, wegen der Nebenwirkungen: verminderte Libido und Gewichtszunahme. Jetzt habe ich die ganze Zeit Angstzustände und muss mich entscheiden, ob ich schlank, lüstern und kurz vorm Nervenzusammenbruch sein will oder pummelig, unorgasmisch, aber seelisch stabil. Bald fängt die Bikini-Saison wieder an ... die Qual der Wahl.

Wenn ich mit meinen Kindern spiele und tanze, bekomme ich oft Lust auf meinen Mann.

Ich bin im sechsten Monat schwanger und habe erst 5 Kilo zugenommen! Ich finde, ich sehe super aus! Auf jeden Fall FÜHLE ich mich sexyer als je zuvor, aber mein Mann rührt mich nicht an. Er sagt, dass er Sex »komisch« finden würde, jetzt, wo ein Baby in mir drin ist. Ich bin so notgeil!! Was soll ich machen? HILFE!!!

Mir hätte mal jemand sagen sollen ...

Mir hätte mal jemand sagen sollen, dass es okay ist, wenn eine Mutter ihr Baby nur langsam lieben lernt. Ich hatte Angst, dass mit mir etwas nicht stimmt, weil ich nicht »noch im Augenblick der Geburt vor überwältigender Liebe dahinschmolz«. Inzwischen ist es ein paar Wochen alt, und ich liebe es mehr als alles andere.

Mir hätte mal jemand sagen sollen, dass es nicht darauf ankommt, wie erfolgreich und wie intelligent Frauen sind, und wie viel sie erreicht haben – Männer erwarten von ihnen, dass sie den Abwasch machen, die Wäsche erledigen und die Kinder versorgen, schließlich sind sie ja Frauen.

Mir hätte mal jemand sagen sollen, dass nichts mehr so ist wie vorher, seitdem ich Kinder habe. Sogar die Art, wie ich Nachrichten gucke, hat sich verändert.

Mir hätte mal jemand sagen sollen, dass es im Leben nicht auf das Ergebnis ankommt; es geht um den Weg dorthin. Hetz dich nicht zum Ziel ab. Komm lieber langsam voran und genieß die Reise. Nicht das, was du getan hast, macht dich aus, sondern das, was du mitnimmst. Lebe, liebe und hör nie auf zu lernen.

» Seit ich Kinder habe, fühle ich mich sehr schwach. «

von Erin Koteki Vest

Heute ist mein Ältester fünf geworden.

Wir hatten eine Torte. Wir hatten Geschenke. Wir haben Happy Birthday gesungen.

Er strahlte den ganzen Tag lang, und ich konnte gar nicht genug davon schwärmen, dass er nun ganze fünf Lebensjahre absolviert hat.

Innerlich starb ich.

Ich verbrachte den Tag in Angst. Ich verbrachte den Tag mit dem Kopf im Sand. Ich setzte ein fröhliches Gesicht auf, aber darunter LITT ich, weil er nun ein Jungsfahrrad fährt. Weil er die Tür schließen will, wenn er aufs Klo geht. Weil er groß wird.

Es tut weh. Ich mag es nicht. Ich möchte, dass es aufhört.

Während ich ihn dazu drängte, sich auf das neue Fahrrad zu setzen und es auszuprobieren, und er protestierte, es sei zu groß und zu wackelig, dachte ich: »Schon gut, mein Kleiner. Keine Angst, Mama ist da, lass es sein, wenn du nicht willst, setz dich einfach auf meinen Schoß, leg deinen Kopf auf meine Schulter und schmuse mit mir.«

Ich dachte mir, wenn er noch nicht einmal mit dem wackeligen Jungsfahrrad zurechtkommt, kann ich ihn unmöglich in die Welt hinauslassen, wo er all die schrecklichen Dinge zu sehen bekommt,

wo sein Herz gebrochen wird, wo die Leute gemein sind, wo es einem manchmal den Magen umdreht, wo das Leben beschissen sein kann ...

Mir wurde schlecht. SCHLECHT.

Seit ich Kinder habe, fühle ich mich sehr schwach. So schwach, dass ich zur durchgedrehten Übermutter werden könnte, die die Kinder von der Schule nimmt und selber unterrichtet und die Wände mit Schaumgummi polstert. So schwach, dass ich den letzten Rest gesunden Menschenverstand aus dem Fenster schmeißen will, nur damit meine Kinder auf ewig das Glück der Unwissenheit genießen können.

Es tut zu sehr weh. ES TUT ZU SEHR WEH.

Dann habe ich ihn natürlich doch noch auf das Fahrrad gelotst, und schließlich fuhr er auf der Sackgasse herum, und das Leben war wunderbar-wunderbar, und trotzdem konnte ich die Angst nicht loswerden, die dieser Geburtstag mit sich gebracht hatte.

Bald geht er in die Schule. Gemeine ältere Kinder. Lehrer, die seine Macken vielleicht liebenswert finden, vielleicht aber auch nicht. Erwartungen. Enttäuschungen. Triumphe.

Ich hoffe auf kommende Momente, die ihn innehalten lassen. Ich sehne mich zurück nach vergangenen Momenten, die mir jetzt viel leichter scheinen. Ich will nichts lieber, als die Zeit anhalten und so tun, als geschehe all dies gar nicht.

Ich fühle mich wie eine Versagerin, weil ich solche Gedanken hege und am liebsten wahr machen würde. Als ob ich nur kräftig blinzeln müsste, und – Puff! – sind wir wieder an dem Punkt, an dem es meine größte Angst war, dass er sich beim Laufenlernen den Kopf aufschlägt.

Ich bin nicht gut darin. Bin ich einfach nicht. Die eine Hälfte des Tages versuche ich, die Kinder beschäftigt zu halten, damit ich sie ignorieren kann, während der anderen Hälfte bin ich sauer, weil sie mich beschäftigen. Und dann gehe ich hin und beklage mich darüber, dass die Zeit vergeht und dass die Kinder zu Erwachsenen werden. Diese kleinen Wesen bringen alle meine Schwächen ans Tageslicht, wo alle sie sehen können, triefend vor Emotionen, sie machen die besten, aber auch die schlimmsten Seiten meiner Seele sichtbar.

Heute Abend sah ich das Strahlen in den Augen meines Sohnes, als er die fünf Kerzen ausblies. Ich sah auch seine kleine Schwester und ihre riesigen Augen, schon jetzt mehr als bereit zum Auspusten der drei Kerzen an ihrem Geburtstag in sechs Tagen. Als ich unauffällig ausatmete, um beim Löschen der Flammen mitzuhelfen, wünschte auch ich mir etwas.

Mach, dass ihm nichts passiert. Mach, dass es weniger wehtut. Mach mich stark.

Happy Birthday.

Erin Koteki Vest regiert das Chaos auf queenofspainblog.com.

9. Kapitel

Besser geht's nicht

»Du bist perfekt,
weil du nicht perfekt bist.«

Gestern hatte mein Sohn in der Schule ein Geigenvorspiel, und ich habe es vergessen. Die Veranstaltung stand dick und fett in meinem Kalender, aber irgendwie hat sie es nicht auf meine heutige To-do-Liste geschafft. Und das heißt in meinem Fall, dass sie so gut wie nicht stattgefunden hat. Als dann mein Sohn nach der Schule aus Omas Auto anrief und heulte: »Mama, warum warst du nicht da?«, war ich wie vor den Kopf gestoßen. Das dumpfe Gefühl verwandelte sich zuerst in Schrecken und dann in Bedauern – für meinen Sohn und für mich. Ich spürte, wie mein Gesicht sich erhitzte und rötete, und für alle Kollegen sichtbar tropften die Tränen wie aus einem lecken Wasserhahn. Ich dachte: Das war's – dieses Ereignis sichert ihm einen Platz auf der Therapeutencouch, wo er den Wurzeln seines Verlassenheitsgefühls nachforschen wird.

Ich antwortete aufrichtig – vielleicht zu aufrichtig, mit brüchiger Stimme: »Ach du je. Es tut mir so leid, Owen. Ich hab's vergessen. Ich weiß nicht, wie mir das passieren konnte. Aber ich hab's vergessen.«

»Du vergisst immer alles.«

»Das stimmt nicht«, stammelte ich. »Du weißt, dass das nicht stimmt. Es tut mir sooooo leid.«

Wir trafen uns ein paar Minuten später auf dem Sportplatz, wo er sich für ein Ligaspiel seiner Baseballmannschaft aufwärmte. Ich rannte quer über das Spielfeld zu ihm, kniete mich bis auf Augenhö-

he mit ihm hin und entschuldigte mich noch ganz verheult und so aufrichtig ich konnte. Mein Gefühlsüberschwang verwirrte ihn, und er entwand sich.

»Schon okay, Mama. Ehrlich. Ist schon okay.«

Aber es fühlte sich nicht okay an. Ich kann schon mal ein Pausenbrot vergessen. Oder einen Pulli. Oder den Geburtstag eines Lehrers. Aber die Vorstellung, wie mein kleiner Mann sich die Geige unters Kinn klemmt und *Twinkle Twinkle Little Star* kratzt, während er mit den Augen den Saal nach seiner Mutter absucht, diese Vorstellung bringt mich fast um.

Als wäre der Tag nicht schon schlimm genug gewesen, erwachte Owen letzte Nacht aus einem Angsttraum. Seit Jahren leidet er unter seltsamen, gruseligen Albträumen – obwohl ich ihn fest in den Arm nehme, schreit er dann: »Mami!!! Hilf mir! Ich brauch meine Mami!!!«

Mir kamen wieder die Tränen, und ich wiegte ihn in meinen Armen und flüsterte ihm in der Hoffnung, dass er mich hören würde, ins Ohr: »Alles okay, Kleiner. Mami ist hier. Mami tut es leid. Mami macht es morgen besser.«

Mutterschaft ist etwas Demütigendes, um es vorsichtig auszudrücken. Als Mütter müssen wir uns von unserer besten Seite zeigen und unsere schlechteste akzeptieren. Auch wenn wir uns fest vorgenommen haben, das, was uns angetan wurde, NICHT weiterzuge-

ben, müssen wir als erfahrene Veteraninnen doch einsehen, dass wir die Generationenspirale vielleicht unterbrechen können, dass sie aber sofort wieder weitergeht. Bestenfalls werden wir zu Pünktlichkeitsfanatikerinnen (weil Mama uns immer zu spät von der Schule abgeholt hat), aber dafür sind wir dann die Mutter, die an dem einen Tag, an dem es in der Schule ein Kuchenbüffet gibt, ihren Kindern kein Geld mitgibt. Oder noch schlimmer: die Mutter, die das Kleingedruckte auf der Geburtstagseinladung nicht gelesen hat und ihr Kind als einzigen Nichtpiraten auf eine Party voller säbelschwingender, einäugiger Dreikäsehochs schickt.

Unsere Verfehlungen mögen vielgestaltig sein, aber Schuld, Sühne und der lange Weg zur Selbstvergebung sind uns allen gemeinsam. Nur gut, dass unsere Kinder schneller vergeben (und vergessen?), als wir uns selbst verzeihen. Trost bieten auch Freundinnen, die uns den Rücken stärken und mit Geschichten kommen, die noch viel schlimmer sind.

Erst nach zwei Jahren habe ich das Gefühl, eine gute Mutter abzugeben. Keine Supermutter, aber ich fange gerade erst an, als Mutter eins mit mir zu werden. Das ist sehr schön. Schade, dass es so lange gedauert hat, aber es ist schön.

Während der Schwangerschaft habe ich einmal zu einer Freundin gesagt, dass ich mir einen Jungen wünsche, weil ich meinen Mann nicht mit einem zweiten weiblichen Wesen teilen wolle. Seit meine kleine Süße da ist, liebe ich sie von Tag zu Tag mehr. Es ist wohl eher so, dass mein Mann der ist, der sich außen vor fühlt! Niemand hätte mich darauf vorbereiten können, wie viel Liebe ich für meine Tochter empfinde. Sie ist das Schönste, was es gibt. Ich hoffe, dass sich an meinen Gefühlen für sie nie etwas ändern wird, auch wenn ich weiß, dass unser Verhältnis mit den Jahren immer schwieriger werden wird. Ich genieße jeden Moment dieser glücklichen Zeit, in der sie noch jung und unschuldig ist.

Ich bin sehr gerne alleinerziehende Mutter. Ich glaube nicht, dass ich einen Mann und mein Baby zugleich und im selben Maße lieben könnte.

An manchen Tagen ist es mir einfach wurscht, wenn jeder Quadratzentimeter mit herumliegendem Spielzeug bedeckt ist, wenn ihre Klamotten nicht zusammenpassen oder wenn sie ihre Schuhe ohne Socken anziehen. Es ist mir wurscht, solange sie gesund und munter sind.

Ich habe mein ganzes Leben lang andere Frauen beneidet, verabscheut und generell nicht gemocht. Seit ich Mutter bin, merke ich, dass mir viel an der Freundschaft mit Frauen liegt. Sie sind lustig und weise und bereichern mein Leben.

☆

Als ich meinen Sohn gestern Abend ins Bett brachte, habe ich mich dafür entschuldigt, dass ich am Morgen die Nerven verloren hatte. Er schaute mich an und sagte: »Keine Sorge, Mami, du bist perfekt. Du bist perfekt, weil du nicht perfekt bist.« Was für ein lieber Junge. Was für ein Glück für die Mutter.

Ich habe gerade eine nagelneue Milchpumpe bekommen, und ich liebe sie. So wie ich früher ein Paar geile neue Schuhe geliebt habe. Ich bin so eine Mutti geworden.

☆

Heute habe ich beschlossen, alles ein bisschen anders zu machen. Ich habe meinen Kindern besser zugehört. Ich habe mich vom Computer losgerissen und ihnen bei den Schularbeiten geholfen – richtig geholfen. Ich habe meinem Mann gesagt, dass ich ihn liebe. Das war ein guter Tag.

Vor der Geburt meines Sohnes habe ich ein entsprechendes Kochbuch und eine erstklassige Küchenmaschine gekauft, damit ich seine Kost aus biologischen Vollwertzutaten selbst zubereiten könnte. Jetzt ist er fast ein Jahr alt, und ich habe die Maschine nicht einmal angerührt. Stattdessen kaufe ich natriumreduzierte Suppe, gieße die Brühe ab, spüle den Inhalt mit Wasser ab (zu salzig) und stelle ihn dem Kleinen auf den Hochstuhl. Es ist lecker und schön weich, und er kriegt Gemüse und Bohnen und so weiter. Wie kam ich auf die Idee, dass die Geburt meines Kindes aus mir eine tolle Köchin machen würde? Und wie kam ich darauf, dass die Geburt aus mir einen perfekten Menschen machen würde?

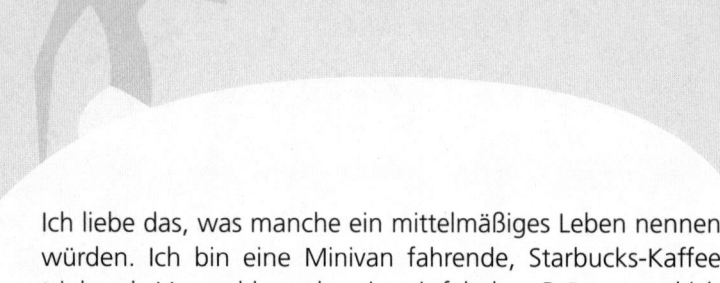

Ich liebe das, was manche ein mittelmäßiges Leben nennen würden. Ich bin eine Minivan fahrende, Starbucks-Kaffee trinkende Vorstadtbewohnerin mit falschen Brüsten und ich möchte gar nicht anders leben.

☆

Ich küsse jeden Abend 20 Zehchen, 20 Fingerchen, vier Äuglein, zwei Näschen, vier Öhrchen, zwei Bäuchlein und zwei süße Schnütchen. Manchmal scheint mir unser zeitaufwendiges Einschlafritual etwas übertrieben, aber ich würde um nichts auf der Welt etwas daran ändern. Ich liebe meine Süßen!

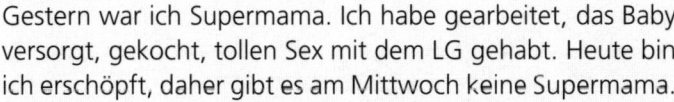

Gestern war ich Supermama. Ich habe gearbeitet, das Baby versorgt, gekocht, tollen Sex mit dem LG gehabt. Heute bin ich erschöpft, daher gibt es am Mittwoch keine Supermama.

☆

Ich habe mir fest vorgenommen, dass heute ein guter Tag wird, an dem ich stolz auf mich als Mensch und als Mutter sein werde. Manchmal glaube ich, dass es nur auf den Entschluss an kommt.

Meine Tochter wird im April ein Jahr alt, und heute Morgen ist mir etwas klar geworden ... sie ist ein ziemlich tolles Kind. Sie hat für mich ihren Vater angebrüllt, als er auf meine Rufe nicht antwortete!! Weiter so, Süße! Wer hat Mama lieb?!

Ich habe den Mann meiner Träume gefunden. Er ist dickbäuchig, kahlköpfig und vier Wochen alt.

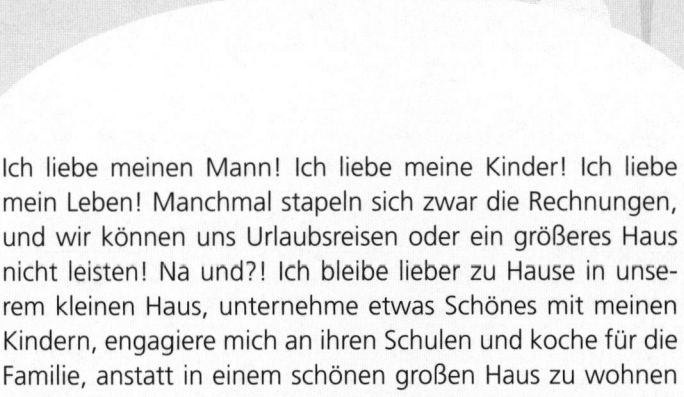

Ich liebe meinen Mann! Ich liebe meine Kinder! Ich liebe mein Leben! Manchmal stapeln sich zwar die Rechnungen, und wir können uns Urlaubsreisen oder ein größeres Haus nicht leisten! Na und?! Ich bleibe lieber zu Hause in unserem kleinen Haus, unternehme etwas Schönes mit meinen Kindern, engagiere mich an ihren Schulen und koche für die Familie, anstatt in einem schönen großen Haus zu wohnen und vor lauter Arbeit keine Zeit mehr für die Dinge zu haben, die ich gerne für meine Familie tue.

Als meine Tochter neugeboren war, fragte mich eine ältere Cousine: »Sitzt du auch manchmal da mit deinem schlafenden Kind im Arm und schaust sie einfach nur an? Den ganzen Tag lang?« Ich bejahte verlegen. Sie sagte: »Das ist doch gut. Einfach nur dasitzen und sie anschauen. Ich habe das immer wieder gemacht. Mein Haus ist immer noch nicht so ordentlich wie vorher, ich habe immer noch Abwasch in der Spüle stehen.« Zu der Zeit war ihre Tochter elf. Das war wahrscheinlich der beste Tipp, den ich bekommen habe. Inzwischen ist meine Tochter zwei, und immer noch schaue ich sie manchmal einfach nur an. Wenn sie schläft oder spielt oder draußen herumläuft, halte ich inne. Und schaue zu. Ich habe auch immer noch den Abwasch in der Spüle stehen.

Dass ich so was einmal sagen würde ...

»Nein, das sind Mamis Tampons, das ist kein Christbaumschmuck.«

»Nein, Schatz, Menschen schlüpfen nicht aus Eiern.
Sie kommen aus dem Klo!«

»Hör SOFORT auf, das Streusalz vom Kotflügel zu lecken!«

»Ich will noch ein Baby.«

Umfrage

Fragen Sie sich manchmal: »Was wäre, wenn ...?«, in Bezug auf Männer Ihrer Vergangenheit?

Ja, oft. 38 %

Ja, aber nur, wenn ich und mein Mann einen ganz schlechten Tag haben! 19 %

Nee. Nie. Mein Mann ist die Liebe meines Lebens. 32 %

Nee. Aber jetzt, da Sie es sagen ... Es gab da mal einen ... 4 %

Nichts davon: 6 %

»Ich überprüfte alles immer, immer, immer wieder.«

von Connie Schultz

Es war für uns beide der Anfang einer neuen Lebensphase – sie wurde gerade sieben; ich wurde gerade alleinerziehend – als meine Tochter mitten in der leeren Wohnung stand und unsere Zukunft voraussagte.

»Mami,« sagte sie grinsend, »ich glaube, wir werden hier glücklich sein.«

Ich musste schlucken und lächelte.

»Ja?«, fragte ich.

»Oh ja«, sagte sie und nickte. »Ich spüre das.«

Das war vor 14 Jahren, und damals begann eine Zeit, in der ich monatelang – ach was: jahrelang – nachts atemlos durch meine eigene Wohnung geisterte.

Was, fragte ich mich, würde nur aus meiner Kleinen werden?

Ich hatte natürlich Geldsorgen, die nur damit anfingen, dass ich eine komplette Wohnung einrichten musste. Ich hatte ja nur ein paar Kartons mit Kleidung, die meisten unserer Familienfotos und alle meine Bücher mitgenommen. Ach ja, und den Weihnachtsschmuck – nicht gerade das, was man auf dem Höhepunkt einer Lebenskrise einpackt, aber ich hatte mehr als ein Jahrzehnt lang an den Dutzenden von Stickereien gesessen. Von dem sentimentalen Wert

abgesehen waren sie mein einziges Beweisstück dafür, dass ich wirklich versucht hatte, so häuslich zu werden, wie es sich mein damaliger Mann immer gewünscht hatte. Wie wichtig diese Eigenschaft für sein Eheglück gewesen war, hatte ich erst mit Antritt meiner ersten Vollzeitstelle herausgefunden. Drei Monate nach meinem ersten Tag in der Redaktion reichte er die Scheidung ein.

»Wenn du deinen Job aufgibst, können wir's auch lassen«, sagte er.

Eine elf Jahre lange, schwierige Ehe war vorbei.

Meine Geldsorgen waren nichts im Vergleich zu den Ängsten, die ich um meine Tochter ausstand. Meine Geschichte ist so alt wie die der ersten alleinerziehenden Mutter. Jede meiner bewussten Handlungen, jedes Wort sollte Caitlin das Gefühl geben, dass ich die Erwachsene bin und sie sich keine Sorgen machen muss. Alles, was noch zur Supermama fehlte, waren eine blaue Strumpfhose, ein Umhang und ein schmissiger Soundtrack. Ich trainierte ihr Softball-Team, verzichtete fast ein Jahr lang aufs Mittagessen, um ihr ein gebrauchtes Klavier zu kaufen, und nähte ihr Puppen mit aufgesticktem Herz und den Worten: »Mami liebt Caitlin.«

Und unterdessen überprüfte ich alles immer, immer, immer wieder auf irgendein Zeichen dafür, dass ich ihr Leben ruiniert hatte.

Hinter jedem Albtraum, jedem Wutanfall, jedem tränenreichen Betteln um Aufmerksamkeit vermutete ich als Ursache mein Versagen als Mutter. Egal, was sonst in ihrem Leben vorging, ich war mir

sicher, dass jeder ihrer Schritte mühsamer sein müsste aufgrund der unsichtbaren Bürde, die ich, ihre eigene Mutter, ihr auf die schmalen kleinen Schultern geladen hatte.

Die Jahre gingen vorbei. Caitlin ging auf den Abschlussball, machte ihren Highschool-Abschluss und ging wie alle ihre Klassenkameradinnen aus intakten Elternhäusern aufs College. Ich heiratete wieder, und sie liebt meinen Mann. Und mich. Immer noch. Wow.

Wir sind eine sentimentale Familie, und unser Haus ist voller gerahmter Fotos und Kinderzeichnungen. Wenn alle unsere Kinder zu Hause sind oder wenn Freunde zum Essen kommen, ist es oft Caitlin, die auf ihre Kindheit zu sprechen kommt. Dann wendet sie sich mir zu und sagt: »Mama, weißt du noch, als ...« Fast immer folgt dann eine Episode aus unserer gemeinsamen Zeit in jener Wohnung, als sie noch ein kleines Mädchen war und ich eine Mutter voller Versprechungen.

Jedes Mal erzählt sie lächelnd davon. »Wir waren dort so glücklich«, sagt sie immer.

Und jedes Mal muss auch ich lächeln, vor Erleichterung über ihre positiven Erinnerungen.

Insgeheim aber überprüfe ich immer noch alles immer, immer, immer wieder.

Denn manche Ängste lassen einen nie los.

Connie Schultz ist eine mit dem Pulitzer-Preis ausgezeichnete Journalistin, Autorin und Kolumnistin für den Cleveland Plain Dealer.

216 Seiten
Preis: 12,90 € (D) | 13,30 € (A) | sFr. 24,00
ISBN 978-3-86882-016-4

Robert Neuendorf (Hg.)

ALS ICH MEINE MUTTER IM SEXHOP TRAF

Die intimisten und peinlichsten Beichten der Welt

Stammt das vielleicht von ihrem Nachbarn, vom Lateinlehrer ihrer Tochter oder Ihrem Zahnarzt …?

»Ich sitze hier alleine in meinem Büro und habe seit 9 Uhr morgens aufgehört zu arbeiten. Ich höre Radio, schnipse Papierkügelchen umher und versuche, mich mit dem höhenverstellbaren Stuhl unter dem Tisch zu verstecken.«

»Mein Vibrator ist neulich gegen 1:30 Uhr früh von ganz alleine im Nachtkästchen angegangen. Mir war das total unheimlich, und ich konnte danach aus Angst zwei Stunden lang nicht mehr einschlafen!«

»Ich war Telefonjoker bei *Wer wird Millionär* und habe absichtlich etwas Falsches gesagt, damit der Blödmann die 16 000 Euro nicht gewinnt.«